STEPHEN MITFORD GOODSON

A KÖZPONTI BANKOK TÖRTÉNETE ÉS AZ EMBERISÉG LEIGÁZÁSA

OMNIA VERITAS

STEPHEN MITFORD GOODSON
(1948 – 2018. augusztus 4.)

Stephen Mitford Goodson dél-afrikai bankár, író és politikus volt. Tagja volt a Dél-afrikai Központi Bank igazgatóságának (2003–2012), valamint a Jövedelemadó és Uzsora Megszüntetéséért Párt vezetője volt. A központi bankrendszer, az uzsora és a nemzetközi pénzügyek heves bírálójaként ismert, számos könyv szerzője, többek között a *A History of Central Banking and the Enslavement of Mankind* című műnek. Revizionista és ellentmondásos tézisei miatt antiszemitizmussal vádolták.

A History of Central Banking
and the enslavement of mankind.

A központi bankok története
és az emberiség leigázása

Fordította angolról és kiadta
OMNIA VERITAS LTD

OMNIA VERITAS®

www.omnia-veritas.com

Ezt a könyvet Knut Hamsunnak szentelem,
a természetes világrend fényének és reményének.

És soha nem fogják megérteni az amerikai történelmet,
sem a Nyugat elmúlt 2000 évének történetét
hacsak nem vizsgálja meg egy-két problémát;
nevezetesen a zsidókat és az uzsorát.
Az egyiket vagy a másikat, vagy mindkettőt. Én azt
mondanám, mindkettőt.

Ezra Pound

ELŐSZÓ

A könyv tartalma ellentmondásos, és heves reakciókat válthat ki, ezért nem értek egyet minden benne kifejtett nézettel.

Hogyan válthat ki ilyen reakciókat egy látszólag olyan száraz téma, mint a központi bankok és a monetáris rendszer története? Felmerülhet a kérdés, hogy miért fogják egyesek ezt a művet eretnekség minden jelével terhelni, azt állítva, hogy Stephen Goodson kilépett az elfogadható történelmi vita kereteiből.

Goodson rendelkezik a szükséges referenciákkal és tapasztalattal ahhoz, hogy bemutassa azt a témát, amelyet évekig tanulmányozott, és amelynek hatásait személyesen is megtapasztalta a Dél-afrikai Központi Bank nem végrehajtó igazgatójaként.

Nincs meg a szakértelmem ahhoz, hogy megerősítsem Goodson felfedezéseit, de tisztában vagyok azzal, hogy az a lényegi pont, amelyre a banki hatalom és az abból fakadó monetáris rendszer kapcsán rávilágít, alapvető összetevője a vagyon elosztásának embertelen egyenlőtlenségeinek egy országon belül, valamint az országok között.

Éppen ezért pártommal együtt évek óta hangoztatjuk, hogy Dél-Afrikának meg kell reformálnia központi bankját és monetáris rendszerét, még ha ez azt is jelenti, hogy országunk nem felel meg a világszerte érvényes, igazságtalan kritériumoknak.

A gazdaságról és a bankszektorról szóló művek általában nehezen érthetőnek számítanak. Olvasóik főként az akadémiai és az üzleti világból kerülnek ki. Ez a könyv azonban figyelemre méltó kivétel.

Ez a mű nemcsak átfogó áttekintést nyújt a gazdaságtörténetről több mint három évezreden át, hanem betekintést nyújt abba is, hogy a uzsora problémája hogyan tette lehetővé az emberiség fokozatos rabszolgasorba taszítását a civilizált létezés kezdete óta.

Sokan megdöbbenve fogják felismerni, hogy a világ központi bankjai, beleértve a saját dél-afrikai tartalékbankunkat is, nem a közjót szolgálják, hanem kizárólag a magánbanki intézmények javát szolgálják. Ez nemcsak aláássa szuverenitásunkat, hanem megfoszt minket attól a lehetőségtől is, hogy adósság nélkül, nyilvánosan kibocsátott pénzt használjunk, amely így a szuverén népé lenne, mint saját eszköze az áruk és szolgáltatások cseréjéhez.

Ehelyett hazánkban, mint sok más országban, a magánbanki szektor által adósságok útján előállított magánpénzt használjuk. A bankjegyekről a kormányzati bankjegyekre való áttérés lehetővé tenné népünk számára, hogy tisztességes, virágzó és fenntartható életet éljen. De egy ilyen egyszerű reform valódi forradalmat jelentene, amelyet nehezebb véghezvinni, mint bármely eddigi reformot vagy társadalmi változást.

Bár Dél-Afrika külsőleg 1994-ben visszanyerte a szabadság útját, belsőleg – egy kis fekete és fehér vállalkozói kisebbség kivételével – a lakosság többsége semmilyen hasznot vagy jólétet nem élvezett, sőt, főként hibás monetáris rendszerünk miatt nem tudta kiaknázni rejtett potenciálját. Ha valódi szabadságot akarunk elérni, elengedhetetlen, hogy a monetáris reformot ugyanolyan erővel és intenzitással hajtsuk végre, mint a küzdelem évei alatt a politikai reformokat. Ehhez azonban meg kell értenünk azt a komplex problémát, hogy hogyan jön létre a pénz, kinek a tulajdonát képezi, és kinek az érdekeit szolgálja.

Ebben a könyvben Goodson nem csupán különböző államok több sikeres kísérletét említi, amelyek megpróbáltak megszabadulni a magánbanki rendszertől, hanem olyan tervet is bemutat, amely számos társadalmi problémánkra választ ad, mint például a gazdasági növekedés hiánya, a magas munkanélküliségi ráta és a közszolgáltatások hanyatlása.

Bár határozottan ellentmondásos, ez egy elgondolkodtató könyv, amelyet a dél-afrikaiaknak el kellene olvasniuk, mint a politikai cselekvés inspirációjának forrását.

John F. Kennedy elnök 1961. április 27-én az Amerikai Sajtószövetség előtt tartott beszédében kijelentette: „Vita és kritika nélkül egyetlen kormányzat és ország sem lehet sikeres – és egyetlen köztársaság sem maradhat fenn. Éppen ezért az athéni törvényhozó, Solon bűncselekménynek nyilvánította, ha egy polgár elzárkózik a vitáktól."

Mangosuthu Buthelezi herceg, parlamenti képviselő.
Az Inkatha Szabadság Párt elnöke,
Dél-afrikai Köztársaság.

2013. június 26.

BEVEZETÉS

A történelem minden oktatási rendszer legfontosabb tantárgya, jelentőségében meghaladva a természettudományokat és a bölcsészettudományokat. Lényegében magában hordozza a kultúrát, a hagyományokat, a hiedelmeket, az ethost és a *létjogosultságot*, amelyek minden nép fennmaradásához szükségesek. Ha a történelmet hamisítások és kihagyások veszélyeztetik, amelyeket gyakran idegenek kényszerítenek rá, akkor a civilizáció szétesik és végül összeomlik, amint azt a nyugati civilizáció 1945 óta tartó lassú szétesésében is megfigyelhetjük. George Orwell hasonló gondolatot fogalmazott meg *1984 című* művében, amikor azt írta: „A leghatékonyabb módszer egy nép megsemmisítésére az, ha megtagadják és kitörlik a történelemről alkotott saját megértését."

Winston Churchill egyszer megjegyezte, hogy minél messzebb nyúlunk vissza a történelemben, annál világosabbá és nyilvánvalóbbá válnak a dolgok. Ezt a technikát alkalmazva a szerző reméli, hogy minden kétség, amelyet az olvasó táplálhat a modern történelmi események elemzésével és értelmezésével kapcsolatban, eloszlik, ha nem is szűnik meg teljesen.

Ahhoz, hogy bármely nemzet, állam, társadalom vagy közösség megőrizhesse teljes függetlenségét ügyeinek intézésében, az áruk és szolgáltatások cseréjéhez használt eszközök feletti abszolút ellenőrzésnek a népet képviselő szervek kezében kell maradnia, és soha nem ruházható át magánszemélyekre vagy magánérdekű csoportokra.

Az ismert történelem során azok az időszakok, amikor az állam gyakorolta az irányítást a pénzmennyiség felett, mindig a jólét, a béke, a kulturális gazdagodás, a teljes foglalkoztatottság és a nulla infláció korszakával jártak együtt.

Ezzel szemben, amikor a magánbankárok magukhoz ragadják a pénzteremtés irányítását, az elkerülhetetlen eredmények a szegénység és a jólét, a munkanélküliség, a tartós infláció, valamint a gazdagság és a politikai hatalom e kis klikk kezébe történő hatalmas és egyre növekvő átruházásának ismétlődő ciklusai, amelyik ezt a kizsákmányoló monetáris rendszert irányítja. A múltban, amikor ezeknek a központi bankároknak szembe kellett nézniük azokkal a nemzetekkel, amelyek egy becsületes monetáris rendszer visszaállítására törekedtek, ezek a parazita bankárok minden esetben „hazafias" háborút robbantottak ki, hogy legyőzzék annyira becsmérelt „ellenségüket". Ez a közös pont minden háborúban legalább az elmúlt 300 év során.

Ez a könyv áttekintést nyújt arról, hogy a magánbankárok a legősibb idők óta hogyan éltek vissza a monetáris rendszerrel – legyen szó nemesfém érmékről, bankjegyekről, csekkekről vagy elektronikus pénzről –, a semmiből kamatozó adósságot teremtve, hogy így magukhoz ragadják a legfőbb hatalmat. A könyv emellett egy egyszerre régi és modern tanulmányt is bemutat azokról a társadalmakról és civilizációkról, amelyek a uzsora terhe nélküli környezetben virágoztak.

A megoldás egyszerű és nyilvánvaló. Ha vissza akarjuk szerezni szabadságunkat és meg akarjuk őrizni szuverenitásunkat a magánbankárok által ránk kényszerített rabszolgaságtól, le kell bontanunk a frakcionális tartalékrendszerüket és a központi bankok hálózatát, különben magunk is tönkremenünk és a feledésbe merülünk.

Stephen Mitford Goodson

2013. június.

I. FEJEZET

HOGYAN PUSZTÍTOTTA EL A UZSORA A RÓMAI BIRODALMAT

Mivel a pénz természeténél fogva terméketlen, az, hogy önmagából növekedjen, abszurdum és az eredeti szerepének eltorzítása, amely az, hogy a csere szolgálatában álljon, és ne a gyarapodásében... Gyűlölnünk kell azokat az embereket, akik bankároknak nevezik magukat, mert semmit sem téve gazdagodnak meg.

- Arisztotelész, *A politika*

A római korszak (i. e. 753 – i. e. 565) monetáris rendszereit három különálló időszakra lehet felosztani, amelyekben három különböző fém mértékegységeit használták áruk és szolgáltatások cseréjének eszközeként. Bár bizonyítékok támasztják alá, hogy a modern ember (*Homo sapiens sapiens*) jelenléte Róma területén 14 000 évre nyúlik vissza (miközben a neandervölgyi emberek már 140 000 éve éltek ott), Róma városát hagyományosan úgy tartják számon, hogy Romulus és Remus alapította i. e. 753-ban a Palatinus-hegy környékén, egy Latiumnak is nevezett régióban. A legenda szerint Romulus (aki megölte testvérét, Remust) lett az első uralkodója, de később megosztotta trónját Titus Tatius-szal, a sabinok vezetőjével.

Kr. e. 600 körül Latium az etruszkok fennhatósága alá került. Ez az uralom addig tartott, amíg az utolsó királyt, Tarquinius Superbust, Kr. e. 509-ben elűzték, és megalakult a Római Köztársaság. Az etruszkok, egy árja eredetű nép, koruk egyik legfejlettebb civilizációját hozták létre, és utakat, templomokat és számos középületet építettek Rómában.

Rómában az első csereeszköz a szarvasmarha volt. Ez nem volt igazi pénz, hanem cserekereskedelem. Sok primitív nép használta a szarvasmarhát csereeszközként. Herkules és Augiasz istállói legendája szerint az ott tartott több mint 1000 szarvasmarha Augiasz király kincsét jelentette.

A RÉZKOR (-753–267 E.KR.)

Az idő múlásával a rómaiak a szarvasmarhák helyett szabálytalan alakú réz- vagy bronztömböket kezdtek használni. Ezeket a tömböket *aes rude-nak* (nyersfém) nevezték, és minden tranzakció során meg kellett mérni őket.

A kereskedelem növekedésével Róma az ókori világ egyik legvirágzóbb városává vált. Ez a jólét a nem monetizált rézen, majd később a bronzon alapult, ezeknek a fémeknek az értékét pedig egy rögzített mértékrendszer szerint a súlyuk alapján mérték. Ezeket a római kincstár bocsátotta ki 1,6 kg-os tégelyek formájában, az állam teljes garanciájával, és *aes signatum* (bélyegzett fém) néven szerepeltek, mivel a kormány tehén, sas, elefánt vagy más ábrázolásokkal bélyegezte őket. Néha kagyló formájában is készítették őket. Kr. e. 289-ben ezeket a téglákat *aes grave* (nehéz fém) nevű, korong alakú bronzérmék váltották fel. Ezek a nemzeti pénznemet képviselték, az állam hozta őket forgalomba, és mindegyik, legyen az ritka vagy sem, csupán annak a szimbólumnak az értékét képviselte, amely alatt nyilvántartásba vették. "[1] Ez a pénz tehát inkább a törvényen alapult, mint a fémtartalmán (bár ez a tartalom szabványosított volt, és az érmék magukban hordoztak belső értéket, ellentétben a mai érmék többségével). Ez a fiat pénz sikeres használatának primitív példájának tekinthető.

Bár a fiat pénzt bizonyos gondolati irányzatok, például az osztrák közgazdász, Ludwig Von Mises követői hevesen bírálják[2], ez nem jelent problémát, mindaddig, amíg azt a

---

[1] David Astle, *The Babylonian Woe*, Omnia Veritas Ltd, 2015. Ez a rendszer számos hasonlóságot mutat a *pelonorokkal*, azaz a vasrudakkal, amelyeket a spártaiak pénzrendszerük alapjaként használtak.

[2] Ludwig Von Mises (1881–1973) az osztrák közgazdasági iskola egyik vezetője és az aranystandard lelkes védelmezője.

kormány bocsátja ki, és nem a magánbankárok, és amíg védett marad a hamisítással szemben. Ezzel szemben a nem fiat pénznemnek a következő hátránya van: azok, akik az arany és az ezüst árát meghatározzák, azaz a magánbankárok, irányíthatják a nemzet gazdaságát.

Római bronzérmék, *Aes Grave* – i. e. 241–235

Kr. e. 300-ig a rómaiak magán- és állami vagyonában példátlan növekedés volt tapasztalható. Ez a területi nyereségben is megmutatkozott. A második latin háború vége után, i. e. 338-ban, és az etruszkok veresége után a Római Köztársaság területe 5 525 km^2-ről 26 805 km^2-re nőtt, ami az olasz félsziget 20%-át jelentette. A területi terjeszkedéssel párhuzamosan a népesség körülbelül 750 000-ről egymillióra nőtt, ebből 150 000 ember élt magában Rómában.

A szenátus és a nép között partnerség jött létre, amelyet *Senatus Populusque Romanus* (SPQR, a római szenátus és nép) néven ismertek. A politikai vezetők híresek voltak takarékosságukról és becsületes erényeikről. A csereeszközöket szigorúan szabályozták a népesség és a kereskedelem növekedésének megfelelően, így nem volt infláció.

A *nexumot*, az adósságon alapuló szolgaságot, amelynek keretében egy szabad ember szolgálatait kínálta fel garanciaként egy kölcsönre és a kamatokra, és amelynek visszafizetésének elmulasztása esetén az adósságot munkával kellett megfizetni, a plebejusok lázadása után, a *lex Poetilia*[3] *törvény* révén, i. e. 326-ban eltörölték.

AZ EZÜST KORA (-267–27 I. E.)

A hagyományos monetáris rendszer 267-ben szűnt meg, amikor a patrícius elit megkapta az ezüstpénz verésének jogát. Ezt a változást szimbolizálta egy patrícius, aki elment a Juno Moneta templomába (innen származik a „moneta" szó, azaz pénz), hogy egy zsáknyi ezüst *denáriumot* az eredeti értékük ötszörösére váltson át azzal, hogy egyszerűen új értékkel verette át az érméket. Így saját zsebébe tett egy igen jelentős különbözetet.

Az első római ezüstérme *drachma* néven volt ismert, és a görög félsziget déli részén használt érmét vette mintául. Később egy kisebb és könnyebb változat, a *denarius* váltotta fel. Volt még egy fél *denarius* is, amelyet *quinariusnak* hívtak, valamint egy negyed egység, *a sestertius*. A rendszert később felváltotta a *victoriatus,* amely valamivel könnyebb volt a *denariusnál,* és valószínűleg azért hozták létre, hogy megkönnyítse a kereskedelmet Róma és görög szomszédai között.

Az olasz félszigeten nagyon kevés ezüstkészlet volt, ezért a római hadseregnek bővülnie kellett, hogy meghódítsa az ezüsttel rendelkező más területeket. A római parasztokat, akik a köztársaságnak jelentős élelmiszer-önellátást biztosítottak, nagy számban sorozták be a hadseregbe. A mezőgazdasági termelés, különösen a kukorica termelése visszaesett, és a paraszti gazdaságokat *latifundiumok* váltották fel, amelyek rabszolgák által művelt nagybirtokok voltak. A búzát is Észak-Afrikából kellett importálni.

[3] A *lex Poetilia* kihirdetése előtti időszakban a uzsora népességre gyakorolt káros hatásainak könyörtelen vádiratát lásd: Tite Live, *The History of Rome*, II. könyv, angol fordítás, William Heinemann Ltd, London, 1919.

A Római Köztársaság ezüstpénze, *a denarius*, bal oldalon Juno Moneta istennővel, jobb oldalon egy győztes ökölvívóval.

A polgárjog és a szabad polgárrá válás feltételeiről szóló megállapodások körüli feszültségek Róma és itáliai szövetségesei között a marsiai háborúhoz vezettek (Kr. e. 90–89). A felszabadítás hiánya a római társadalom széttöredezéséhez és a munkásosztályba tartozó polgárok elidegenedéséhez vezetett, akiket állatként kezeltek, és akik így semmilyen felelősséget és kötelezettséget nem vállaltak az állam iránt. A második pun háborúig (-218–201 e.Kr.) nem engedték őket katonának állni. Itt egy klasszikus példával állunk szemben egy monetizált társadalomra. A köztársaság meggyengült, a despotizmus pedig erősödött. A kalózkodás komoly problémává vált: a partokat rajtaütések sújtották, a villákat kifosztották, az utazókat pedig elrabolták. Az erőszak endemikussá vált, és a gengszterek és a terroristák aktívak voltak Rómában, mivel már nem volt rendőrség, amely fenntartotta volna a törvényt és a rendet. Ezek egy olyan társadalom elkerülhetetlen következményei, amelyben a pénz lett a legfőbb érték.

A politikai intrikák is elterjedtek az elit körében. A gazdasági nélkülözés elégedetlenséget váltott ki a szegények körében, akik egyre inkább észak-afrikai rabszolgák voltak, ami társadalmi felkelésekhez vezetett. Ezek a zavargások a Spartacus vezette lázadásban csúcsosodtak ki i. e. 73-tól i. e. 71-ig. (Az első és a második lázadás i. e. 135-ben és i. e. 132-

ben, valamint i. e. 104-től i. e. 100-ig zajlott.)

A ZSIDÓK SZEREPE A BUKÁSBAN

Az első ismert zsidók, akik i. e. 161-ben érkeztek Rómába, Yehuda és Macchabé voltak. Ezek a római zsidók kézművesek, kereskedők és utcai árusok voltak. Pénzkölcsönzéssel is foglalkoztak. Külön közösségben éltek, kijelölt városrészekben. Saját törvényeik szerint kormányozták magukat, és mentesültek a katonai szolgálat alól.

Kr. e. 139-ben a Hispanus praetor proselitizmus vádjával kiutasította azokat, akik nem voltak római polgárok, de hamarosan visszatértek. Kr. u. 19-ben egy *szenátusi határozat* (*senatus consultum*) alapján Tiberius császár kiutasított 4000 zsidót, akik különböző botrányokba keveredtek, de ezeket a kiutasításokat nem hajtották végre megfelelően, és folyamatos jelenlétük, különösen uzsorásként, jelentős szerepet játszott a Római Birodalom hanyatlásában és összeomlásában.

A zsidók kiűzése Rómából Hadrianus császár által Kr. u. 35-ben, ahogyan azt egy 15 századi kézirat ábrázolja a párizsi Arsenal könyvtárában.

JULIUS CAESAR

Julius Caesar (-100–44 Kr. u.) egy arisztokrata családban született, Kr. e. 100. július 12-én. Magas termetű, fehér bőrű férfi volt, aki rövid ideig ügyvédként dolgozott, mielőtt kiváló hadvezérré vált, aki i. e. 59 és 52 között meghódította Galliát (Franciaországot). Miután i. e. 48-ban Farszálénál legyőzte Pompeius Magnust, Caesar a Római Köztársaság vitathatatlan vezetője lett. Visszatérve Olaszországba i. e. 45 szeptemberében, Cézár az utcákat és egész városokat hajléktalanokkal találta tele, akiket uzsorások és monopóliumok űztek el otthonaikból és földjeikről. Naponta 300 000 embert kellett ellátni a központi élelmiszerraktárból. Az uzsora, minden katasztrofális következményével együtt, virágzott.[4]

[4] „A császári demokrácia, amely az egész világot uralma alatt tartotta, a jeles nevű szenátoroktól a legszerényebb földművelőig, Julius Caesartól a római sikátorok legszerényebb boltosáig, mindannyian egy kis uzsoráscsoport kényének-kedvének voltak kiszolgáltatva. " Idézi G. Ferrero, *Greatness and Decline of the Roman Empire*, VI. kötet, William Heinemann Ltd, London, 1908, 223. o.

A Forum Romanumot Julius Caesar rendelte meg i. e. 54-ben, és i. e. 46-ban neki szentelték. Ez volt az ókori Róma központja, ahol Caesar i. e. 44. március 15-én tragikus végzetét lelte.

A legjelentősebb uzsorások, akik többségükben zsidók voltak[5], akár 48%-os éves kamatlábakat is alkalmaztak. Ahogyan a filozófus Seneca (-4 Kr. e. – 65 Kr. u.) megjegyzi *a De Superstitione című művében*: „Ennek a bűnös nemzetnek a szokásai olyan hatalmat nyertek, hogy mára mindenütt elfogadottá váltak. A leigázottak diktálják a törvényeket a hódítóknak."

Abban az időben két fő politikai párt létezett: az *Optimates*, amely a nemesség, a szenátus és a kiváltságosok kis csoportja köré szerveződött, és a *Populares*, amely aköznépet képviselte. Cézár azonnal átvette az utóbbiak vezetését.

César teljes mértékben megértette a uzsora káros hatásait, és tudta, hogyan lehet ellene fellépni. „Megértette azt a mély

[5] Cicero, Marcus Tullius: „Csend! Csend! Senki mást nem akarok, csak a bírákat, hogy meghallgassanak. A zsidók már elég bajt okoztak nekem, ahogyan oly sok embernek is okoztak. Nem szándékozom tovább olajozni a tűzre. " Idézi: W. Grimstad, *Antizion*, Noontide Press, Torrance, Kalifornia, 1985, 29. Cicerón volt a védelem ügyvédje Flaccus perében, egy római tisztviselőé, aki megzavarta az aranyszállítmányokat, amelyeket a zsidók a (akkoriban és ma is) Jeruzsálemben található nemzetközi központjukba szállítottak. Cicero maga sem volt akárki, és hogy egy ilyen kaliberű személynek „halkan kellett beszélnie", azt mutatja, hogy egy rendkívül veszélyes befolyási körben tartózkodott. Ebben az esetben felmerül a kérdés, hogy kik voltak valójában az üldözők.

igazságot, hogy a pénz egy nemzeti eszköz, amelyet a törvény hozott létre nemzeti célból, és hogy egyetlen embercsoportnak sem szabadna engedélyezni, hogy kivonja a forgalomból pánik keltése céljából, hogy a spekulánsok emelhessék kamatlábukat, vagy ilyen válságidőszakok után olcsón vásárolhassanak ingatlanokat."[6]

A következő társadalmi reformokat vezette be:

1) Az ingatlanhitelek visszafizetése a polgárháború előtt ismert legalacsonyabb értékelés alapján történt. (Kr. e. 49–45)
2) Több alkalommal is amnesztiát hirdettek a bérleti díjak fizetésére vonatkozóan.
3) Számos szegény polgár és veterán kapott földparcellát.
4) 80 000 szegény család kapott ingyenes lakást.
5) A katonák fizetését 123-ról 225 *denárra* emelték.
6) A kukoricaadót szabályozták.
7) A tartományi közösségek felszabadításra kerültek.
8) A naptárral kapcsolatos zavart úgy oldották meg, hogy annak hosszát 365¹/₄ napra rögzítették, január[1-jétől] kezdődően, i. e. 44-ben.

Pénzügyi reformjai a következők voltak:

1) Az államadósságot azonnal 25%-kal csökkentették.
2) A pénzverés ellenőrzése a patríciusoktól (uzsorásoktól) a kormányra került át.
3) -ként kis értékű érméket bocsátottak ki.
4) Elrendelték, hogy a kamat nem haladhatja meg a havi 1%-ot.
5) Elrendelték, hogy más kamatokra nem számítható fel

[6] T. E. Watson, *Sketches from Roman History*, The Barnes Review, Washington, DC, 2011 (először 1908-ban jelent meg), 84–85. o.

kamat, és hogy a felhalmozott kamatok összege soha nem haladhatja meg az eredetileg kölcsönzött tőke összegét. (a *in duplum* szabály)

6) A rabszolgaságot, mint adósságtörlesztési eszközt, eltörölték.

7) Az arisztokraták kénytelenek voltak tőkéjüket felhasználni, ahelyett, hogy felhalmozták volna.

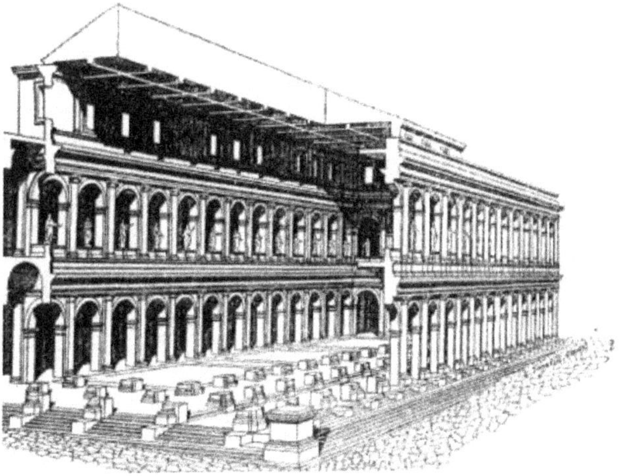

A Julia-bazilika a Forumon belül található római bíróság épülete volt, amelyet i. e. 46-ban Julius Caesar tiszteletére szenteltek.

Ezek az intézkedések felháborították az arisztokratákat és a plutokratákat, akiknek „kenyerét" súlyosan korlátozták. Így összeesküdtek, hogy meggyilkolják Cézárt, a nép hősét. Ezen a végzetes reggelen, Kr. e. 44. március 15-én, alig négy évvel azután, hogy teljes hatalmat kapott, fegyvertelenül lépett be a szenátus épületébe, miután elbocsátotta a katonai őrséget, amellyel szokta magát körülvenni. 60 összeesküvő vette körül, és 23 szúrással halálra szúrták.

AZ ARANYKOR (I. E. 27 – I. SZ. 476)

Kr. e. 27-ben, nem sokkal Cézár halála (és istenné avatása) után a rómaiak bevezették az aranyalapú valutát; ez a döntés hatással volt a birodalom pénzügyi stabilitására, és közvetlenül hozzájárult annak bukásához. Korábban, a Római Köztársaság idején, aranyérméket csak szigorú szükség esetén bocsátottak ki, például a második pun háború vagy Sulla hadjárata idején. Európában csak kevés aranybánya volt, kivéve olyan távoli helyeken, mint Wales, Erdély és Spanyolország. Így a készletek nagy részét csak a Keletről lehetett biztosítani. Ehhez nagy és költséges hadsereg volt szükséges, amely folyamatos konfliktusokba keveredett a birodalom határain.

Az aranypénzt *aureusnak* nevezték. Az ezüst *denarius* is forgalomban volt, valamint különböző rézérmék: a *sestertius*, a *dupondius* és *az as*.

Az arany vagy a kereskedelmi pénz szűkössége gyakran deflációs időszakokat okozott a csereeszközök forgalmának hiánya miatt. Kr. e. 13-ban döntés született az arany *denarius* súlyának 122-ről 72 grainre történő csökkentéséről. Ez maradt a norma Kr. u. 310-ig. A fémek azonban továbbra is kelet felé áramlottak luxuscikkek fizetésére, vallási adományokra és uzsorás visszafizetésekre. Ezenkívül az intenzív használat miatti kopás 100 év alatt a forgalomban lévő fémérmék teljes mennyiségének egyharmadát elvesztette.

Mivel az aranyat árucikként kezelték, annak leértékelődését nem tűrték. Konstantin császár (275–337) személyesen rendelte el a halálbüntetést a hamisításért, valamint a máglyahalált azoknak a bányászoknak, akik hamisításban vétkesek voltak. Azokat a pénzváltókat, akik nem jelentették a hamis aranybeszántot (*solidus),* azonnal megkorbácsolták, rabszolgává tették és száműzték. Ezek az intézkedések hatékonyak voltak a 70 grain súlyú beszánt esetében, amely valamivel nehezebb volt, mint az 1025-ben még forgalomban lévő, 68 grain súlyú beszánt.

313-ban a milánói ediktummal elismerték a kereszténységet, majd 380-tól I. Theodosius császár (347–395) hivatalos vallássá nyilvánította. Ettől kezdve a monetáris hatalom a *pontifex maximus* vallási fennhatósága alá került. A császári korszak egyik jellemzője a társadalmi igazságtalanság és a középosztály túlzott adóterhek alatti elnyomása volt. A római üzletember nem kereskedő volt, hanem a tartományok kifosztója, mivel az ország gyenge ipari bázissal rendelkezett, és képtelen volt előállítani a szükséges ipari termékeket. Ahogy a társadalom monetizálódása folytatódott, a gazdagok kizsákmányolták a népet, a plebejusok pedig egyfajta rabszolgákká váltak. A zsűriszabályozás eltörlése szimptomatikus volt a közember iránti tisztelet és a római társadalomban betöltött jelentőségének hanyatlására.

Aranyérme, amelyet I. Sévér császár vert 222–235 között.

Az egyház szerepe a hanyatlásban és a bukásban

A Konstantin császár által elrendelt adó, amely szerint minden jövedelem tizedét a keresztény egyháznak kellett befizetni, felgyorsította a birodalom pusztulását. Végül az egyház az összes földterület és a teljes vagyon egyharmadától a feléig birtokolta. Ez a vagyonkoncentráció a fémpénz szűkösségét okozta. Pénz létezett, de nem az áruk és szolgáltatások elosztására vagy forgalmazására szolgált. Ahelyett, hogy a tizedből származó bevételt a közösségbe történő befektetésekkel vagy jótékonysági célokra, például kórházak, iskolák és könyvtárak építésére fordították volna, hatalmas aranykészleteket halmoztak fel Konstantinápoly erődített városának és a római Vatikánnak a vastag (30,5 méteres) falai mögött.

Az 5. és 6. század utolsó éveiben a Római Birodalom parazita szervezetgé vált, amelyet az infláció és a defláció váltakozó fázisai jellemeztek. Gazdasági romlása megelőzte politikai bukását. Nem volt többé ipari termelés, szinte az összes élelmiszert importálni kellett, és a uzsora soha nem látott mértékben terjedt el. A birodalom vagyonát, amely nem az egyház birtokában volt, 2000 római család ellenőrizte. A lakosság többi része szegénységben élt.

A KÖVETKEZMÉNYEK

A Birodalom nyugati felének 476-ban bekövetkezett összeomlása – a gótok és a vandálok ismételt betörései után – a sötét középkort eredményezte. Ezt több évszázados deflációs válság követte. Az 1876-os Egyesült Államok Ezüstbizottság (United States Silver Commission) szerint a Római Birodalom fémpénzének értéke hatalmának csúcsán 1,8 milliárd dollár volt, de a sötét középkor végére ez már csak 200 millió dollárra csökkent. A mezőgazdasági termelés a puszta megélhetésre korlátozódott. A hajók eltűntek, mert már nem volt kereskedelem. A kereskedelem stagnált. A művészetek és a tudományok elvesztek, és az építőipari cementkészítés is eltűnt.

A Római Birodalom hanyatlásának fő tényezői a vagyonkoncentráció[7], az ipari termeléshez szükséges bányaterületek hiánya, valamint a nem fehér rabszolgák tömeges behozatala voltak, ami a nemzet genetikai romlásához vezetett. A 4·század folyamán a római nők termékenységének csökkenése miatt a rabszolgák száma ötszöröse volt a polgárokénak. A legfontosabb gazdasági ok a megfizethető cserepénz hiánya és az a téves elképzelés volt, hogy a pénzt

[7] „Amikor az ókori Egyiptom kormánya összeomlott, a lakosság 4 százaléka birtokolta az összes vagyont. Amikor a babiloni civilizáció bukott, a lakosság 3 százaléka birtokolta az összes vagyont. Amikor az ókori Perzsia elpusztult, a lakosság 2 százaléka birtokolta az összes vagyont. Amikor az ókori Görögország romba dőlt, a lakosság 0,5 százaléka birtokolta az összes vagyont. Amikor a Római Birodalom összeomlott, kétezer ember birtokolta a civilizált világ összes vagyonát. Ezt követte a sötét középkor, amelyből a világ csak akkor emelkedett ki, amikor a vagyon már nem volt ennyire koncentrált. Ma a lakosság kevesebb mint 1 százaléka ellenőrzi az Egyesült Államok vagyonának 90 százalékát." – Idézi R. Maguire, „Money Made Mysterious" című cikkében, *American Mercury* magazin, New York, 1958, 98. (Az *American Mercury*-t H. L. Mencken alapította 1924-ben.

árucikknek kell tekinteni.

Így gazdasági szempontból Róma bukásának tanulsága az, hogy egy tisztességtelen gazdasági rendszer elkerülhetetlenül hozzájárul a felbomláshoz. Egyetlen társadalom sem tud túlélni egy igazságtalan gazdasági rendszert. Ahhoz, hogy egy társadalom működőképes és virágzó legyen, elengedhetetlenül fontos, hogy a csereeszközöket adósság és kamat nélkül bocsássa ki az állam törvényes hatósága, mint a nép örökös képviselője.

II. FEJEZET

A BANQUE D'ANGLETERRE TITKOS EREDETE

... minden nagy eseményt eltorzítottak, a legtöbb fontos okot eltitkolták... Ha Anglia történetét egy napon valaki megírja, aki rendelkezik a szükséges ismeretekkel és bátorsággal, a világ megdöbben majd.

– Benjamin Disraeli,
Nagy-Britannia
Nagy-Britannia.

AZ ÓKORI ANGLIA

Offa király 757-től 791-ig uralkodott a Mercia Királyságban[8], amelyet északon a Trent és a Mersey folyók, délen a Temze-völgy, nyugaton Wales, keleten pedig Kelet-Anglia és Essex határolt. A királyság az angolszász heptarchia hét autonóm királyságának egyike volt.

Offa okos és tehetséges kormányzó, valamint nagylelkű uralkodó volt. Ő hozta létre Angliában az első pénzrendszert. Az arany szűkössége miatt ezüstöt használt pénzveréshez és a vagyon tárolására. A szokásos csereegység az ezüstfont volt, amelyet 240 pennyre osztottak. A penny-ket csillaggal (óangolul *stearra*) pecsételték meg, innen származik a sterling kifejezés. 787-ben Offa király bevezette a uzsora, azaz a kölcsönadott pénz után kamat felszámításának tilalmáról szóló törvényt, amely koncepció a pogány időkből származott. A uzsora elleni törvényeket Alfred király (865–899) szigorította meg, aki elrendelte, hogy a uzsorások vagyonát elkobozzák, míg 1050-ben Edward a Gyóntató (1042–1066) nem csupán vagyonuk elkobzását rendelte el, hanem az uzsorások

[8] Mierce latin betűs átírása.

törvényen kívül helyezését és élethosszig tartó száműzetését is.

A ZSIDÓK ELSŐ VÁNDORLÁSA ÉS KIŰZÉSE

A zsidók 1066-ban érkeztek Angliába, a Hódító Vilmos és II. Harold király közötti, október 14-i hastingsi csata előestéjén. Ezek a zsidók Rouenből érkeztek, amely 120 kilométerre fekszik a normandiai szikláktól, ahol a Hódító Vilmos törvénytelen gyermekként, Vilmos, a fattyú néven született. Bár a történelmi archívumok nem utalnak arra, hogy ők szorgalmazták volna Anglia katonai meghódításának gondolatát, ezek a zsidók legalábbis finanszírozták azt. E támogatásért gazdagon megjutalmazták őket azzal, hogy királyi védelem alatt uzsoráskodhattak.[9]

A következmények az angol nép számára katasztrofálisak voltak. Azáltal, hogy évi 33%-os kamatot számítottak fel a nemesek által jelzáloggal terhelt földekre, és évi 300%-ot a kereskedelmi vagy a munkások ingatlanjaira, két generáció alatt az összes angol földterület negyede a zsidó uzsorások kezébe került. 1186-ban, halála idején Aaron de Lincoln-t Anglia leggazdagabb emberének nyilvánították, és becslések szerint vagyona meghaladta II. Henrik királyét.[10] Másrészt a zsidó bevándorlók igyekeztek aláásni a céhek etikai normáit, és felbosszantották az angol kereskedőket azzal, hogy sokféle árut árultak egy helyen. Kiemelkedő szerepet játszottak az ezüstpénzek kivágásában és öntvényekké való átolvasztásában is, hogy azokat ónbevonattal lássák el.

Dr. William Cunningham, a híres közgazdász, „a zsidók 11. század óta Angliában folytatott tevékenységét egy szivacshoz hasonlítja, amely felszívja a föld minden gazdagságát, és így gátolja a gazdasági fejlődést. Érdekes megjegyezni azt is, hogy még ebben a távoli korszakban is a kormány mindent megtett, ami hatalmában állt, hogy ösztönözze a zsidókat a becsületes

[9] S. M. Goodson, In praise of Medevial England, *Spearhead*, 2005. július.

[10] R. Chazan, *The Jews of Medieval Western Christendom 1000-1500*, Cambridge University Press, New York, 2006, 159. o.

kereskedelemre, és ezáltal a többi lakossághoz való beilleszkedésre, de mindez a legcsekélyebb pozitív eredmény nélkül maradt."[11]

A 13.század elején sok nemesnek kellett szembenéznie azzal a veszéllyel, hogy uzsora és adók miatt elveszíti birtokait. 1207-ben hatalmas, 60 000 font összegű adót vetettek ki a keresztény lakosságra. A zsidók is fizettek adót, de kedvezményes mértékben, és a vagyonukra és jövedelmükre vonatkozóan jelentősen alulbecsült összegek alapján.[12] Azok a nemesek, akik zsidó uzsorásoktól, valamint a királytól és annak tisztviselőitől vettek fel kölcsönt, kötelesek voltak jelzálogukat bejegyeztetni a Kincstári Nyilvántartásba. Amint egy nemes pénzügyi nehézségekbe került, a király megvásárolta a pénzügyi tisztviselő adósságát, és a földet saját magának ragadta meg. János király (1199–1216) „teljesen felelőtlen" volt e tisztességtelen és romlott politika gyakorlásában, ráadásul „erkölcstelen, alkalmatlan és teljes mértékben zsidóinak hatalma alatt állt".[13]

János angol király aláírja a Magna Cartát (Nagy Oklevelet) Runnymede-ben 1215-ben.

1215-ben a nemesek fellázadtak, és kényszerítették János királyt, hogy 1215. június 15-én aláírja a Magna Cartát (Nagy

[11] W. Cunningham, *The Growth of English Industry and Commerce during the Early and Middle Ages*, Cambridge University Press, 3.kiadás, 1896, 201. o.
[12] A Magna Carta eredete, *The Occidental Observer*, 2013. május 19.
[13] Uo.

Oklevelet). Ez a dokumentum 61 cikkelyt tartalmaz, amelyek különböző alkotmányos és jogi jogok létrehozására vonatkoznak, de fő célja az volt, hogy megszüntesse a zsidó uzsorások uralmát, valamint eltörölje az uzsorát és a zsidók kiváltságos helyzetét. 1216. október 19-én János király meghalt, és a kilencéves fia, III. Henrik követte a trónon, aki 1219-től 1272-ig uralkodott. Uralkodása kedvezőbb körülmények között zajlott, mint apjáé, és a zsidókat érintő 19 cikkelyt a következő évben hatályon kívül helyezték. Ugyanakkor örököse, I. Eduárd(1272–1307) hamar rájött, hogy a zsidóknak nincs helyük az angol társadalomban[14], és ha nem hoz intézkedéseket, veszélybe kerülhet a trónja. 1233-ban és 1275-ben kihirdették a Zsidóság Statútumait, amelyek mindenféle uzsorát eltöröltek. Mivel sok zsidó így már nem tudott „megélhetést biztosítani magának", 1290. július 18-án II. Eduárd király rendeletet adott ki, amely arra kötelezte a 16 511 főt számláló zsidó lakosságot, hogy örökre hagyja el Angliát.[15] Ez az európai történelem során több mint száz alkalommal végrehajtott kiutasítások egyike volt. A

[14] A keresztény, serdülőkor előtti fiúk rituális meggyilkolása volt az a kritikus pont, amely a zsidók kiűzését eredményezte. A zsidó húsvét idején egy fiút elfogtak, majd kivéreztették. Vérét ezután kovásztalan tésztába keverték, megsütötték, majd később rabbi kekszként fogyasztották. Az első ismert eset 1144-ben történt, a leghíresebb pedig a kis St. Hugh-é volt Lincolnban 1255-ben. III. Henrik király személyesen rendelte el a bírósági nyomozás lefolytatását, amely magában foglalta a bírák által végzett törvényszéki vizsgálatot is. 91 zsidót tartóztattak le részvételük miatt ebben a szörnyű gyilkosságban, amelynek során az áldozatot megkínozták, keresztre feszítették, kivéreztették, majd egy kútba dobták. A per részletei a Kew-i, Richmondban, Surreyben (TW9 4DU) található Nemzeti Levéltárban, a III. Henrikre vonatkozó Close Rolls of the Realm és Patent Rolls dokumentumokban találhatók. Geoffrey Chaucer verset írt a kis Hugh meggyilkolásának emlékére az Apáca meséjében, amely a *Canterbury mesék* része. A Grimm testvérek írták *a „Der Judenstein "* (A zsidók köve) című művet a hároméves Andreas (Anderl) Oxner rituális meggyilkolásáról Rinnben, Ausztriában, 1492-ben. *Az In My Irrelevant Defence: Meditations Inside Gaol and Out on Jewish Ritual Murder című* műben, The I.F.L. Printing and Publishing Co., London, 1938, 57. o. című művében Arnold Leese elmagyarázza, hogy ezeket a rituális gyilkosságokat még a 20 században is gyakorolták. 2007 februárjában Ariel Toaff izraeli professzor, Elio Toaff, Róma egykori főrabbijának fia, megírta *a Pasque di sangue: Ebrei d'Europa e omicidi rituali* (*Vérhúsvét: Európa zsidói és rituális gyilkosságaik*) című könyvet, amelyben megerősíti a rituális gyilkosságok gyakoriságát a középkori Olaszországban. Munkájának elemzéséhez lásd: *The Bloody Passovers of Dr Toaff*, szerző: Israel Shamir www.israelshamir.net/English/Eng11.htm

[15] D. Astle, *The Tallies, A Tangled Tale and The Beginning and the Ending*, saját kiadás, Toronto, 1997, 40. és 43. o. Astle elmagyarázza, hogy ezek közül a zsidók közül néhányan Svájcba telepedtek le, és megalapították az eredeti három kantont: Uri, Schwyz és Ob – majd egy évvel később Nidwalden-t.

bejelentést nagy örömmel fogadták az egész országban. A modern etnikai tisztogatások gyakorlatával ellentétben a zsidók, miután befizették vagyonuk értékének 1/15-ét és készpénzük 1/10-ét kitevő adót, engedélyt kaptak arra, hogy minden vagyonukat magukkal vigyék. Minden zsidó, aki 1290. november 1-je (Mindenszentek napja) után a királyságban maradt, kivégezéssel kockáztatott.

A DICSŐSÉGES KÖZÉPKOR

A pénzverők eltiltásával és az uzsora eltörlésével[16] az adók ismét mérsékelt szintre kerültek, és nem volt többé államadósság, mivel a kormányzati kiadások fedezésére a kamatmentes számlálópálcát[17] használták. Ez a régi pénzügyi eszköz, amelyet a szaracénok és valószínűleg a kínaiak is ismertek, *a* latin *tallia* szóból származik, ami pálcát jelent. A számláló pálcát mogyoró-, fűz- vagy puszpángfa ágából készítették, mert ezek a fák könnyen oszthatók voltak. Általában nyolc hüvelyk (20,3 cm) hosszúak (a mutatóujj és a hüvelykujj közötti távolság) és fél hüvelyk (1,3 cm) szélesek voltak, bár elérhették a nyolc láb (2,44 m) hosszúságot is. Az értékeket a fába vágott bevágások mérete jelölte. 1000 fontot egy tenyérnyi szélességű bevágással jelöltek, 100 fontot a kisujj szélességével, 1 fontot egy duzzadt árpamag szélességével, a shillingeket még kisebb bevágásokkal, a penneket pedig bemetszésekkel jelölték. A kedvezményezett nevét a rudak lapos oldalára vésték. Miután minden adatot feltüntettek a rúdon, azt az alsó rész közelében kettévágták, úgy, hogy az egyik rész megőrizte a csomót vagy a jelet, amelybe lyukat lehetett fúrni. Ezt ellenrúdnak vagy nyugtának nevezték, és a Kincstárban (a Számvevőszékben) egy rúdon őrizték. A lapos szalagot (a csonk nélkül) a kedvezményezett kapta meg. Mivel nincs két egyforma fadarab, lehetetlen volt hamisítani egy számláló botot. Ezeket a fizetési eszközöket először II. Henrik király (1100–1135) uralkodása alatt vezették

[16] 1364-ben III. Eduárd felhatalmazta a City of London-t egy *Ordinatio contro Usurarios* kiadására, és 1390-ben egy újabb törvényt hirdettek ki.
[17] D. Astle, op. cit., 12–17. o.

be, és 1783-ig maradtak forgalomban.[18] A számlálópálcák azonban az 1290–1485 közötti időszakban érték el fénykorukat, amikor az állam fő finanszírozási eszközei voltak. A pálcákat nemcsak az állami alkalmazottak fizetésére használták, hanem olyan főbb infrastrukturális beruházások finanszírozására is, mint a londoni városfal, a középületek és a kikötők építése. A forgalomban lévő batonok pontos összege nem ismert, de még 1694-ben is 17 millió font értékű baton volt forgalomban. Ez hatalmas összeg volt, mivel a király éves költségvetése ritkán haladta meg a 2,5 millió fontot, és egy paraszti bérmunkás naponta egy pennyt keresett.

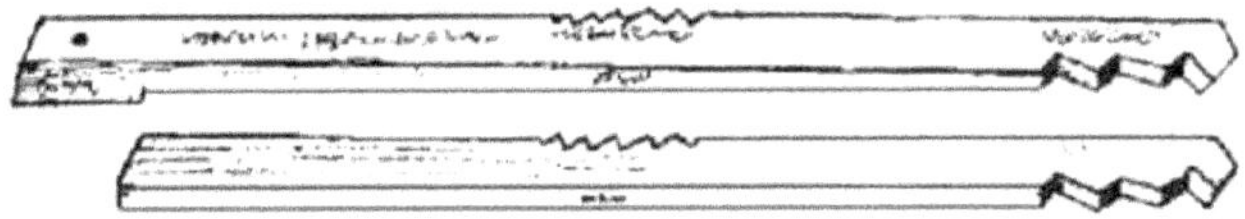

A 15 századi középkori számláló pálcák

Ésszerű adókulcsok,[19] államadósság és kamatfizetési kötelezettség hiányában Anglia páratlan növekedési és jóléti időszakot élt meg. Az átlagos paraszt évente mindössze 14 hetet dolgozott, és 160–180 napos szabadsággal rendelkezett. Lord Leverhulme,[20] egy korabeli író szerint: „A 15.században élő férfiak nagyon jól fizetettek voltak", sőt olyan jól, hogy a fizetésük által garantált vásárlóerő és életszínvonaluk csak a 19 században lett volna felülmúl. Egy gazda gondoskodni tudott családja jólétéről és minden szükségletéről. A parasztok gyapjúruhába öltöztek, és bőségesen rendelkeztek hússal és kenyérrel.

[18] A sors iróniájának köszönhetően 1834. október 16-án a törött számlálópálcák halmait használták fel az alsóház fűtésére. Az ebből keletkezett tűz olyan heves volt, hogy ellenőrizhetetlenné vált, és az egész épületegyüttest elpusztította, kivéve a Westminster Hallt és a St Stephen's Cloistert (Szent István kolostorudvart). Az alsóház újjáépítésekor a bejárat padlóján egy hatalmas Dávid-csillag alakú mozaikot rajzoltak (valószínűleg Rothschild hatására).

[19] G. M. Trevelyan az *English Social History, A Survey of Six Centuries Chaucer to Queen Victoria* (Longmans Green and Co., London, 1948) című művében azt írja, hogy Anglia: „olyan ország volt, ahol az emberek nem szenvedtek az adóktól", 63. o., és hogy: „az adófizetés makacs megtagadása jellemző volt az akkori angolokra", 107. o.

[20] R. K. Hoskins, *War Cycles – Peace Cycles*, The Virginian Publishing Company, Lynchburg, Virginia, 1985, 54. o.

Mivel a parasztoknak csak 14 hetet kellett dolgozniuk az évben, sokan szabadidejüket Anglia csodálatos katedrálisainak építésére szentelték. A yorki katedrális 1472-ben készült el, és a világ legnagyobb ólomüveg-felületével rendelkezik.

Houston Stewart Chamberlain, az angol-német filozófus, a *Foundations of the XIXthCentury* című művében megerősíti ezeket az életkörülményeket:

> „A 13. században, amikor a germán népek megkezdték új világuk felépítését, az egész Európa parasztjai szabad emberek voltak, akiknek életkörülményei sokkal biztonságosabbak voltak, mint manapság; a *copyhold*[21] volt a szabály, így például Anglia – amely ma a földbirtokosok javát szolgáló feudalizmus színhelye – még a tizenötödik században is egy olyan ország volt, amely teljes egészében több ezer paraszti kézben volt, akik nem csupán földjeik törvényes tulajdonosai voltak, hanem emellett egyenértékű jogokkal rendelkeztek a legelők és az erdők felett is."[22]

Szabadidejükben sok kézműves önkéntesen kamatoztatta tehetségét Anglia legszebb katedrálisainak építésében, ami

[21] A *copyhold* egy Angliára jellemző, a jobbágyságból származó földbirtoklási jog volt.
[22] H. S. Chamberlain, *The Foundations of the Nineteenth Century*, The Bodley Head, London, 1912, II. kötet, 354–355. o.

megerősíti a nyugati civilizáció egyik alapelvét, miszerint szabadidő nélkül a kultúra virágzása lehetetlen. George Macauley Trevelyan, az angol történész, a következőképpen írja le ezeket a teljesítményeket:

> „Az egyházi építészet folyamatosan fejlődő hagyománya fenségesen folytatódott, és Angliát olyan csodálatos építményekkel töltötte meg, amelyekhez sem az ősök, sem a modern kor emberei nem tudtak felérni... Az új templomokban a fény már nem szűrődött be, hanem a színes üvegablakokon keresztül árasztotta el a helyiségeket, amelyek gyártásának titka ma már még teljesebben elveszett, mint e művészet varázsa."[23]

Bár VIII. Henrik király (1509–1547) 1509-ben enyhítette a uzsora vonatkozó törvényeket, azokat később fia, VI. Eduárd király (1547–1553) egy 1552-es törvényben hatályon kívül helyezte, amelynek preambuluma kimondta, hogy „az uzsora Isten szava szerint teljesen tilos, mint a leggyűlöletesebb és legundorítóbb bűn..."

EGY ARANYKOR VÉGE

Merrie England (a boldog Anglia) a 15·században – Május 1·jét ünneplik a májusfa körül táncolva.

[23] G. M. Trevelyan, op. cit., 51. o.

A 17·század folyamán ennek az aranykornak tragikus vége lett. Számos zsidó, akiket 1492-ben Izabella I·kasztíliai királynő és II. Ferdinánd aragóniai király[24] a folyamatos uzsora és tisztességtelen kereskedelmi gyakorlatok miatt Spanyolországból kiutasítottak, Hollandiában talált menedéket. Bár a hollandok ebben az időben jelentős tengeri hatalom voltak, az amszterdami zsidó uzsorások vissza akartak térni Angliába, ahol sokkal ígéretesebb kilátások nyíltak pénzkölcsönzési birodalmuk kiterjesztésére.

I.Erzsébet királynő (1558–1603) uralkodása alatt egy kis számú spanyol marráni zsidó, akik álszent kereszténységre tértek át, letelepedett Londonban. Sokan közülük aranyművesként dolgoztak, és vállalták, hogy aranybetéteket őriznek, majd a megőrzött arany tízszeresét névre szóló bankjegy formájában bocsátották ki, azaz kamatos kölcsönöket nyújtottak. Ezeket a nyugtákat, a csalárd részfedezeti bankrendszer elődjét, eredetileg a Koronának vagy a Kincstárnak adták kölcsön 8% éves kamatra, de Samuel Pepys, a krónikás és a Haditengerészeti Minisztérium titkára[25] szerint a kamatlábak akár 20%, sőt 30%-ra is emelkedtek évente.[26] A kereskedők által fizetett kamatlábak gyakran meghaladták az évi 33%-ot, még akkor is, ha a törvényes kamatláb csupán évi 6% volt.[27] A munkások és a szegények viselték e túlzott kamatlábak terhét, mivel évi 60%, 70% vagy akár 80%-ot kellett fizetniük.[28] Michael Godfrey, az *A Short Account of the Bank of England* című röpirat szerzője szerint két-három millió font veszett el az aranyművesek csődjei és alkalmazottaik eltűnése miatt.[29]

CROMWELL ÉS AZ ANGOL POLGÁRHÁBORÚ

---

[24] Az Alhambra-rendelet, más néven a kiutasítási ediktum.

[25] A. M. Andreades, *History of the Bank of England*, P. S. King & Son Ltd, London, 1935, 35. o. Pepys ezeket a túlzott kamatlábakat „a legszörnyűbb szégyennek" nevezi.

[26] Uo., 24. o. A szerző Isaac Disraeli *Usurers of the Seventeenth Century* című művéből is merített. www.gutenberg.org/ebooks/16350?msg=welcome_stranger

[27] Uo., 24. o.

[28] Uo., 47. o.

[29] Uo., 24–25.

1534-ben VIII. Henrik király a Felsőbbrendűségi Törvény révén az anglikán egyházat Anglia hivatalos vallásává nyilvánította. A 16·és 17·század folyamán a John Wycliffe és Jean Calvin tanításain alapuló puritán hit[30] egyre több követőt nyert magának. A puritánok a Bibliát tekintették Isten igazi törvényének, és a Bibliaolvasásra, az imádkozásra és a prédikálásra, valamint a szentségek szertartásának egyszerűsítésére helyezték a hangsúlyt.

I. Károly Stuart király (1625–1649), aki az anglikán egyház elsőbbségét szerette volna fenntartani, heves konfliktusba keveredett a puritánokkal, akik nagy előrelépéseket tettek a lakosság térítésében., Károly bizalmas barátjának és tanácsadójának, Buckingham hercegnek 1628-as meggyilkolása után a király egyre inkább elszigetelődött.

A növekvő vallási megosztottság tökéletes lehetőséget nyújtott a zsidó összeesküvőknek. Ahogy Izrael Disraeli, Benjamin Disraeli miniszterelnök apja írja *The Life and Reign of Charles I című* művében: „A nemzetet ügyesen megosztották »szombatistákra« az egyik oldalon és szombatszegőkre a másikon.[31]

1640-ben a titkos zsidó közösség egyik vezetője, Fernandez Carvajal, egy kereskedő és kém, akit „a Nagy Zsidó" néven is ismertek, körülbelül 10 000 fős fegyveres milíciát szervezett, amelyet a londoni nép megfélemlítésére és a zavar keltésére használtak. Számos röplapot és brosúrát is terjesztettek.[32]

Ezt követően polgárháború tört ki a királypártiak (anglikánok) és a kerekfejűek (puritánok) között; ez 1642-től 1648-ig tartott. A kerekfejűek „legújabb típusú hadseregükkel" győzedelmeskedtek, és a becslések szerint 190 000 áldozatot szedtek a lakosság körében, ami a népesség 3,8%-át jelentette. A Kerekfejűek vezetője Oliver Cromwell (1599–1658) volt,

---

[30] A. H. M. Ramsay, *The Nameless War*, Britons Publishing Co., London, 1952, 11. o., nemrégiben új kiadásban megjelent az Omnia Veritas Ltd. kiadásában. Calvin Franciaországból származott, ahol a nevét Cauin-nak írták, ami a Cohen név egyik változata. A *La Gazette Catholique* 1936. februári számában beszámoltak egy párizsi B'nai B'rith-találkozóról, ahol bejelentették, hogy zsidó származású.

[31] Uo., 11. o.

[32] Uo., 12–13. o.

akinek „legújabb típusú hadseregét" nemcsak a vállalkozó és hivatásos lázító, Fernandez Carvajal szerelte fel és képezte ki, hanem az amszterdami zsidó uzsorások is finanszírozták. A holland zsidók vezetője, Manasseh Ben Israel ([33]) könyörgő leveleket küldött Cromwellnek, arra kérve őt, hogy engedje meg a zsidóknak a visszatérést Angliába cserébe azokért a pénzügyi kedvezményekért, amelyeket olyan nagylelkűen nyújtott neki.[34]

Egy 1650-ből származó röpirat, amely **Oliver Cromwellt** Anglia uralkodójaként.

[33] Uo., 13. o.
[34] A. M. Andreades, op. cit., 30. o.

I· KÁROLY KIRÁLY MEGGYILKOLÁSA

Cromwell árulását a németországi Mulheim zsinagógájával folytatott levelezése tárja fel.

1647. június 16-án

Olivier Cromwell Ebenezer Prattnak

„Pénzügyi támogatásért cserébe engedélyezem a zsidók visszatérését Angliába: ez azonban lehetetlen, amíg Károly még él. Károlyt nem lehet tárgyalás nélkül kivégezni, és jelenleg nincsenek vádalapok ellene. Javaslom tehát, hogy Károlyt gyilkolják meg, de nem akarok semmit sem tudni a gyilkos biztosításával kapcsolatos intézkedésekről, bár hajlandó vagyok segíteni neki a szökésben."

Íme a levélre adott válasz:

1647. július 12-én,

Olivier Cromwellnek, Ebenezer Pratt nevében

„Pénzügyi támogatást nyújtunk, amint Károlyt megfosztják trónjától és a zsidókat újra befogadják. A merénylet túl veszélyes. Lehetővé kell tennünk Károly szökését: elfogása teszi lehetővé a tárgyalást és a kivégzést. Támogatásunk jelentős lesz, de nincs értelme a feltételekről tárgyalni, mielőtt a tárgyalás megkezdődik."[35]

Károly királyt a Northamptonshire-i Holmby House-ban tartották fogva. 1647. június 4-én 500 forradalmár rabolta el, majd lehetővé tették számára, hogy a Wight-szigetre szökjön, ahol később letartóztatták. 1648. december 5- -án az alsóház úgy döntött, hogy „a király által tett engedmények kielégítőek

---

[35] A. H. M. Ramsay, op. cit., 14–15. o. *A Plain English* 1921. szeptember 3-i számában megjelent levél szerint: „A Sion bölcsei már jóval régebb óta léteznek, mint gondolnánk. Barátom, az amszterdami L. D. Van Valckert úr nemrég küldött nekem egy levelet, amelyben két, a mulheimi zsinagógában talált kivonatot csatolt. A kéziratot tartalmazó kötet a napóleoni háborúk során elveszett, és nemrég került Mr Van Valckert birtokába. Német nyelven íródtak, és idézeteket tartalmaznak a mulheimi zsinagóga vezetőségéhez érkezett levelekből."

és megállapodáshoz vezethetnek".[36]

I. Károly király kivégzése egy korabeli metszeten

Cromwell ezután Pryde ezredes segítségével megtisztította az alsóházat, amíg végül csak egy 50 tagból álló „maradék" parlament maradt, amely passzívan megszavazta a király perét. Egyetlen angol jogász sem akart vádiratot írni a király ellen. Végül egy holland zsidó, Isaac Dorislaus fogalmazta meg azt. A királyt kényszerítették, hogy részt vegyen a meghamisított perben, amelyet a Legfelsőbb Bíróságon tartottak, ahol a tagok kétharmada a hadsereghez tartozó Niveleurs[37] volt. Károly nem volt hajlandó védekezni, de bűnösnek nyilvánították és 1649. január 29-én kivégezték. Ahogy a konvoj a vérpadhoz közeledett, a tömeg nagy része azt kiabálta: „God Save the King!" („Isten óvja a királyt!") A kivégzés után a nép körében szorongásos zúgolódás terjedt el.

A MÁSODIK ZSIDÓ BEVÁNDORLÁS

1655. december 7. és 18. között Cromwell, aki „ " (Lord Protector) néven volt ismert, konferenciát tartott a londoni Whitehallban, hogy jóváhagyást szerezzen egy új, nagyszabású zsidó bevándorláshoz. Annak ellenére, hogy a

[36] Uo., 16. o.

[37] Egy informális szövetség agitátorokból és pamfletírókból, akik a jakobinusok és a bolsevikok előfutárai voltak.

konferencián Cromwell támogatói többségben voltak, a küldöttek – akik többségükben papok, jogászok és kereskedők voltak – között elsöprő többségben az a vélemény uralkodott, hogy a zsidóknak nem szabad engedélyezni a visszatérést Angliába.[38] 1656 októberében az első zsidók titokban szabadon partra szállhattak Angliában, annak ellenére, hogy az Államtanács albizottsága tiltakozott, kijelentve, hogy ezek a zsidók „komoly fenyegetést jelentenek az államra és a keresztény vallásra nézve". "[39] „Kivétel nélkül minden kereskedő ellenezte a zsidók visszafogadását. Kijelentették, hogy a bevándorlók károsak lennének az országra, és hogy befogadásuk az angolok rovására gazdagítaná a külföldieket."[40]

Cromwell 1658. szeptember 3-án halt meg, és utódja fia, Richard lett, aki kilenc hónapig uralkodott. [I.] Károly fia, II. Károly (1660–1685) visszatért meggyilkolt apja trónjára. Bár ő volt az utolsó angol uralkodó, aki pénzt vert (bankjegyek formájában), két végzetes politikai hibát követett el. 1663. augusztus[1-jén]kihirdette a eufemisztikusan „A kereskedelem ösztönzéséről szóló törvény" névre keresztelt jogszabályt, amely engedélyezte „minden arany- és ezüstérme, valamint arany- és ezüstrudak külföldre történő kivitelét, mindenféle korlátozás és szabályozás nélkül." [41] A törvényjavaslat vitája során Anglesey grófja előrelátóan megjegyezte, „hogy veszélyes a királyság békéjére nézve, ha az egy maroknyi elégedetlen és lázongó szupergazdag kényére-kedvére van kiszolgáltatva, akik bankot (felhalmozási szervet) hozhatnak létre a saját pénznemünkből és aranytartalékainkból, a tengeren túl, és likviditási hiányt okozva nekünk, amikor a királynak már nem lesz hatalma megakadályozni ezt."[42]

[38] H. S. A. Henriques, Les Juifs et la loi Anglaise IV, *The Jewish Quaterly Review*, 14. évf., 4. sz., 1902. július, 653–697. o.

[39] A. H. M. Ramsay, op. cit., 16–17. o.

[40] A. M. Hyamson, *A History of the Jews in England*, Methuen, 1928, idézi A. N. Field, *All These Things*, Omni Publications, Hawthorne, Kalifornia, 1936, 215. o.

[41] D. Astle, op. cit., 44. o.

[42] A. Del Mar, *The History of Money in America from the Earliest Times to the Establishment of the Constitution*, Omni Publications, Hawthorne, Kalifornia, 1966, (először 1899-ben kiadva), 66. o.

TO THE

Parliament, The Supream Court of

ENGLAND,

And to the Right Honourable the Councell of State, Menaſſeh Ben Iſrael, *prayes God to give Health, and all Happineſſe:*

IT is not one cauſe alone (moſt renowned Fathers) which uſeth to move thoſe, who deſire by their Meditations to benefit Mankind, and to make them come forth in publique, to dedicate their Books to great Men; for ſome, and thoſe the moſt, are incited by Covetouſneſſe, that they may get money by ſo doing, or ſome peece of Plate of gold, or Silver; ſometimes alſo that they may obtaine their Votes, and ſuffrages to get ſome place for themſelves, or their friends. But ſome are moved thereto by meere and pure friendſhip, that ſo they may publickly teſtifie that love and affection, which they bear them, whoſe names they prefixe to their Books; let the one, and the other, pleaſe themſelves, according as they delight in the reaſon of the Dedication, whether it be good or bad; for my part, I beſt like them, who do it upon this ground, that they may not commend themſelves, or theirs, but what is for publick good.

As for me (moſt renowned Fathers) in my dedicating

A 2 this

(3)

Menasseh ben Israel által kiadott röpirat, amely a zsidók Angliába való visszatérését hirdeti.

Három évvel később, az érmeverés ösztönzéséről szóló törvény révén lehetővé tette magánszemélyek, azaz bankárok és ötvösök számára, hogy a Királyi Pénzverdében (Royal Mint) verjék a királyság érméit, és így megszerezzék a seigniorage jogának (z érmék névértéke és gyártási költsége közötti különbség) jelentős kiváltságát, amely kizárólagos bevételként szolgált számukra. Ráadásul ez lehetővé tette számukra, hogy tetszésük szerint növeljék vagy csökkentsék a forgalomban lévő pénzmennyiséget, és így tetszésük szerint emeljék vagy csökkentsék az árakat, a lakosság többi részének nagy kárára.

Testvére, II. Jakab (1685–1688) uralkodása mindössze három évig tartott. Áldozatul esett a főként Hollandiából származó pamfleteknek és gátlástalan propagandának. Végül II. Jakabot Vilmos herceg, Orániai herceg által vezetett katonai expedíció véglegesen megfosztotta trónjától. Bár Jakab serege létszámban fölényben volt, a támadástól eltántorította, hogy John Churchill, az első Marlborough hercege hirtelen elhagyta őt. A *Jewish Encyclopedia* szerint Churchill ezt követően évi 6000 font járadékot kapott a holland zsidó Salomon de Medina-tól árulásáért cserébe.[43] Ez a hatalmas összeg, a „vér pénze", lehetővé tette Churchill számára, hogy megkezdje a Blenheim-palota építését, amely 1722-ben, halála idején készült el.

Vilmos Orániai hadjárata, akárcsak a másik Vilmos, a Hódítóé 1066-ban, zsidó bankárok finanszírozásával valósult meg. Támogatásukért cserébe III. Vilmos (1689–1702) átadta a királyi jogot, hogy adósság és kamat nélkül bocsáthassa ki Anglia pénznemét, egy „Angol Nemzeti Bank Kormányzója és Társasága" néven ismert konzorciumnak. A. N. Field *All these Things* című művében a következőképpen foglalja össze e korszak eseményeit:

> „Harminchárom évvel azután, hogy Cromwell visszaengedte a zsidókat Angliába, egy holland herceg szállt partra Amszterdamból, körülvéve a pénzügyi központból érkező zsidók rajával. Miután elűzte sógorát [II. Jakabot] a királyságból, kegyesen beleegyezett abba, hogy elfoglalja Anglia trónját. Ennek az eseménynek a természetes következménye az államadósság bevezetése volt, amelyet hat évvel később az Angol Nemzeti Bank létrehozásával valósítottak meg, amelynek feladata az volt, hog -tól pénzt kölcsönözzen a Koronának. Anglia a maga módján élt, mielőtt a zsidók megérkeztek. Ettől kezdve a zálogház uralkodott, és a nemzet mai helyzetét nem lehetne jobban leírni, mint Shakespeare szavaival, amikor prófétai látásmóddal ezeket a szavakat tette a

[43] A. H. M. Ramsay, op. cit., 18. o.

haldokló John of Gaunt szájába:

Ez a sok kedves lélek hazája, ez a drága, drága hazánk, A világ dicsőségéért szeretett,
Most már bérbe adták, ezt mondom halálom óráján,
Mint egy birtok vagy egy nyomorúságos gazdaság
Ez az Anglia, mely diadalmas tengerbe merül,
Melynek sziklás partja visszaveri a nedves Neptunusz irigy támadását
A nedves Neptunusz támadását, most a gyalázatba sodródott
A tintapöttyök és a korhadt pergamenek nevében! Ez az Anglia, mely szokása volt másokat leigázni, szégyenletes módon saját rabszolgaságát valósította meg!

- II. Richárd, II. felvonás, I. jelenet

„A zsidók második angliai letelepedésének története nem más, mint pergamenekre írt kötelezvények hosszú sora, amelyek adóssággal láncolják a nemzetet. A zsidók nemzeti ügyekben való felemelkedésének minden egyes szakaszát az adósság növekedése és szaporodása jellemezte."[44]

AZ ANGOL NEMZETI BANK LÉTREHOZÁSA

A magánközponti bank létrehozásának szükségességét egy visszavonult kalóz, William Paterson ([45]) vetette fel, amikor 1693-ban megírta *A Brief Account of the Intended Bank of England* (Rövid beszámoló a tervezett Angol Nemzeti Bankról) című röpiratát.[46] Később azzal dicsekedett, hogy ez a bank „a semmiből teremtett pénz kamatából származó nyereséget halmoz fel"[47] 1694. június 21-én, csütörtökön megnyitották a bank jegyzési listáját, amelynek kezdőtőkéje 1

[44] A. N. Field, op. cit., 218. o.
[45] A. M. Andreades, op. cit., 60. o. Abban az időben a kalózok hivatását nem tartották becstelennek.
[46] Uo., 66. o.
[47] W. G. Simpson, *Which Way Western Man?*, Yeoman Press, Cooperstown, New York, 1978, 621. o.

200 000 font volt. A következő hétfőn ezt az összeget teljes egészében jegyezték.

A bank nyilvánvaló célja az volt, hogy korlátlan összegeket kölcsönözzön Vilmos királynak évi 8%-os kamatra, hogy az folytathassa a háborút, különösen a franciaországi XIV. Lajos elleni konfliktust, akinek országa még nem tartozott a uzsorás rendszer alá.[48] A bank így megkapta a Korona által fizetett kamatokat, évi 100 000 font összegben, a további 4000 font pedig az igazgatási költségeket fedezte. A Bank megszerezte azt a jogot is, hogy 1 200 000 font értékben bocsásson ki bankjegyeket aranyfedezet nélkül.

A bejegyzés előtt a bank alapító okiratát Levinz jogász alaposan átvizsgálta, hogy az teljes mértékben összhangban legyen rejtett céljával, azaz az angol nép örökös kizsákmányolásával, lehetővé téve a nemzeti pénz létrehozását a semmiből, kamatok felszámításával. Ezt a hamis pénzt kamatos kamattal kellett visszafizetni. Levinz egy amszterdami zsidó volt, aki ügyvédként praktizált.[49]

A bank létrehozása ellen heves ellenállás alakult ki. Ez főként az aranyművesektől és a pénzkölcsönzőktől származott, akik rájöttek, hogy ez véget vetne a banki uzsora-üzletüknek, amely a kibocsátott aranynyugtákra alapuló részleges tartalékok formájában működött. A földbirtokosok és a vidéki nemesség a kamatlábak emelkedésétől tartottak, mivel a Bank ellenőrizte volna az ország pénzmennyiségét. Vádak merültek fel azzal kapcsolatban, hogy a bank bizonyos kereskedőket részesítene előnyben azáltal, hogy nekik kedvezményes kamatlábakat biztosítana. A legnagyobb félelem az volt, hogy „a Bank túl hatalmassá válik, és így a világkereskedelem sarokkövévé válik".[50] Sajnos pontosan ez történt, mivel az Angol Nemzeti Bank mintaként szolgált az összes későbbi központi bank számára.

[48] F. J. Irsigler, *On the Seventh Day They Created Inflation*, Wynberg, Fokváros, Dél-Afrika, 1980, 5. o.
[49] J. E. T. Rogers, *The First Nine Years of The Bank of England*, Clarendon Press, Oxford, 1887, 4. o.
[50] A. M. Andreades, uo., 69. o.

Az **Angol Nemzeti Bank** létrehozását a parlament által elfogadott törvény rögzítette, amelyet így írtak le: „Törvény Őfelségeik számára a hajók és vízi járművek tonnatartalmára vonatkozó különböző vámok és jogok biztosításáról..."

Akkoriban az alsóház 514 tagból állt, akik közül 243 tory, 241 whig volt, 28 tag pedig pártállását nem hozta nyilvánosságra.[51] A képviselők körülbelül kétharmada vidéki nemes volt, és köztudott, hogy 20%-uk írástudatlan volt. A törvényt 1694 júliusában, a nyár legforróbb időszakában vitatták meg, amikor a vidéki képviselők a betakarítással voltak elfoglalva.[52] 1694. július 27-én, azon a végzetes pénteken, amikor az alapító okiratot jóváhagyták, mindössze 42 tag volt jelen, kizárólag whigek – mivel a toryk ellenezték –, akik mindannyian a törvény mellett szavaztak. (Ez felveti a kérdést, hogy mi minősült akkoriban határozatképes létszámnak.)

A törvény címe nem tartalmazott utalást a tervezett Angol Nemzeti Bankra, amelyet kétharmad részben érthetetlen – azaz a laikusok számára érthetetlen – szószaporításban írtak le, vagy inkább titkoltak el.

A törvény nyitó mondata így kezdődik: „Guillaume és Marie,

---

[51] House of Commons Information Office, Alsóház, London.

[52] Hasonló törvényt fogadtak el az amerikai Federal Reserve-ről, amely magántulajdonban volt, 1913. december 23-án, amikor csak néhány képviselő volt jelen, a többség ugyanis hazament karácsonyozni. H. S. Kenan, *The Federal Reserve Bank*, The Noontide Press, Los Angeles, 1966, 19–20. o.

Anglia, Skócia, Franciaország és Írország királya és királynője, Isten kegyelméből, a hit védelmezői, stb. Akiket mindazok, akik őket képviselik, üdvözölnek. " A 242 szóból álló harmadik mondat így kezdődik: „Mivel egy bizonyos, a Parlamentben nemrégiben elfogadott, a Hajók és Épületek TONNAZÁSA, valamint a sör, az erjesztett italokra és egyéb szeszes italokra, valamint bizonyos jutalmak és előnyök rögzítésére az említett törvényben, ezeknek a személyeknek önként 150 000 fontot kell előlegezniük a Franciaországgal folytatott háború folytatásához, többek között elfogadják... »[53]

Osztalékfizetési nap az Angol Nemzeti Banknál, fametszet, 1800 körül

A törvény első kétharmada részletesen tárgyalja egy bonyolult új tarifák, kötelezettségek és adók egész sorának alkalmazásának szükségességét a hajókra, a sörre, az erjesztett italokra és egyéb likőrökre vonatkozóan. Ezen adók bevezetésének valódi értelme az volt, hogy azok szükségesek voltak a jövőbeli kormányzati kölcsönök kamatainak kifizetéséhez. Nem sokkal később további adókat vezettek be:

[53] D. Astle, op. cit., 55. o.

a földadót, a papíradót, a fejenkénti adót, a sóadót, a bélyegadót és az ablakadót, amelyek felváltották a háztartási vagy kandallóadót. Az egyéb bevezetett adók között szerepelt a házalóadó, a hintóadó, a születési, házassági és haláleseti adó, valamint végül a hajadonadó.[54] A leginkább kizsákmányoló jellegű adó azonban a 20%-os mértékű, indexált jövedelemadó volt. Ezt nemcsak a vállalkozásokra, hanem a parasztokra is alkalmazták.[55].

A HÁBORÚ ÉS AZ ADÓSSÁGRABSZOLGASÁG ÖRÖKRE

Ettől kezdve kialakult egy olyan társadalmi modell, amelyben felesleges háborúkat robbantottak ki annak érdekében, hogy egyidejűleg növeljék az államadósságot és a uzsorások profitját. Jelentős, hogy ezeknek a háborúknak a többségét olyan országok ellen hirdették meg, amelyek kamatmentes bankrendszert vezettek be, mint például az észak-amerikai gyarmatok és Napóleon Franciaországa. A bankárok uzsorarendszerének erőszakos megerősítésére irányuló ezen séma széles körben elterjedt a modern korszakban, és jól illusztrálja az Orosz Birodalom veresége az első világháborúban, majd Németország, Olaszország és Japán veresége a második világháborúban, valamint a közelmúltban, 2011-ben Líbiában. Mindezek az országok állami bankrendszerrel rendelkeztek, amely méltányosan osztotta el a nemzetük gazdagságát, és a lakosság számára jóval magasabb életszínvonalat biztosított, mint a korabeli riválisoké.

1696-ban, alapítását követő két év alatt, az Angol Nemzeti Bank 1 750 000 font értékű bankjegyet bocsátott ki, mindössze 2%-os aranytartalékkal, ami 36 000 font értéknek felelt meg.[56] 1707. május 1-jén létrejött a skót–angol unió, amelynek egyik fő mozgatórugója az volt, hogy átvegyék az irányítást az edinburgh-i Királyi Pénzverde felett, ami 1709-ben történt

[54] A. M. Andreades, op. cit., 55. o.
[55] J. E. T. Rogers, op. cit., 106–107. o.
[56] F. J. Irsigler, op. cit., 5. o.

meg.

1720-ban, a spanyol örökösödési háború (1701–1714) végeztével az államadósság 30 millió fontra rúgott, miközben a háború önmagában 50 millió fontba került.[57] Az amerikai függetlenségi háború (1775–1783) után, amelyet az váltott ki, hogy a telepesek kénytelenek voltak adósság nélkül létrehozott pénznemüket angol pénzre cserélni, ami a munkaképes lakosság 50%-ának munkanélküliségét okozta, az államadósság 176 millió fontra rúgott.

Sir John Harold Clapham szerint, aki 1944-ben megírta *a The Bank of England: A History 1694-1914* című *mű*vet, Solomon de Medina és két da Costa, Fonseca, Henriquez, Mendez, Nuñez, Rodriguez, Salvador és Teixeira de Mattos, akik mind szephard zsidók voltak, 1722-ben megszerezték a bank részvényeinek többségét.

1786-ban William Pitt ifjabbik miniszterelnök megpróbálta megszüntetni az államadósságot egy olyan amortizációs alap létrehozásával, amely évente 1 millió font kamatot termelt, és amelyet teljes egészében az adósság törlesztésére fordított.[58] Ezt a módszert azonban hamarosan feladták, mivel a Napóleon elleni háború finanszírozásához szükséges hitelek összege hatalmas mértékben megnőtt. 1797-ben a növekvő kamatterhek fedezésére fokozatos jövedelemadó-rendszert vezettek be, amelynek bevétele 1815-ben évi 70 millió fontra rúgott.[59]

A Franciaország elleni háború 1792-től 1815-ig tartott. Ennek a felesleges vérontásnak a fő célja az volt, hogy megsemmisítse a Napóleon által létrehozott adósság- és kamatmentes pénzügyi rendszert. (Lásd a III. fejezetet.) Ebben az időszakban Anglia 1812-től 1814-ig háborút folytatott az Egyesült Államok ellen is. Ezt a háborút, akárcsak a Franciaországgal vívottat, Anglia kezdeményezte Mayer Amschel Rothschild (valódi nevén Bauer) bankár kérésére,

---

[57] A. M. Andreades, op. cit., 119. o.

[58] W. D. Bowman, *The Story of the Bank of England*, Herbert Jenkins Ltd, London, 1937, 291. o.

[59] A. M. Andreades, op. cit., 162. o.

miután az Egyesült Államok Kongresszusa megtagadta a Rothschild által irányított Egyesült Államok Bankjának ([60]) alapító okiratának megújítását, amely 1791-től 1811-ig Amerika központi bankja volt.[61] Nathan Rothschild arról híres, hogy 1815-ben kijelentette: „Adjátok nekem egy nemzet pénzügyi irányítását, és nem érdekel, ki hozza a törvényeket. Az a kisebbség, amely megérti a rendszert, vagy annyira érdekelt lesz a nyereségében, vagy annyira függővé válik a kedvezményeitől, hogy soha nem lesz ellenállás e társadalmi osztály tagjai részéről. ” A brit miniszterelnök, Spencer Perceval (1809–1812) megpróbálta véget vetni ennek a teljesen értelmetlen háborúnak, de 1812. május 11-én a Képviselőház előcsarnokában meggyilkolta John Bellingham, egy Rothschild által megbízott szélsőséges.[62]

1815-re az államadósság 885 millió fontra emelkedett. Ez a teljesen felesleges háború körülbelül három millió katona és egymillió civil életét követelte. A Napóleon által létrehozott állami bank megsemmisítése 831 millió fontba került a brit népnek[63], amelyből 1914-ben még 2,5 milliárd font volt kifizetetlen. Az 504 millió font tőke az idő múlásával ötszörösére nőtt a kamatos kamat varázslatos hatásának köszönhetően.

William Cobbet (1763–1835), a mezőgazdasági világot képviselő éles eszű parlamenti képviselő, már akkor felismerte, mi készül, és a következőket írta:

> „Elkezdtem tanulmányozni azt a parlamenti törvényt, amely alapján az Angol Nemzeti Bankot létrehozták. A

[60] A bank részvényeinek 100%-a a Rothschildok és társaik tulajdonában volt.

[61] 1836-ban Andrew Jackson elnök bezáratta a Második Amerikai Bankot azáltal, hogy kivonta belőle az összes kormányzati betétet. A bankot 1816-ban hozták létre egy 20 éves alapító okirat alapján. A Rothschildok és társaik birtokolták a részvények 80%-át, a többit pedig az amerikai kormány.

[62] www.tomatobubble.com/fh1.html: NWO Forbidden History (1765–1816). A miniszterelnöki kinevezéssel párhuzamosan, 1809. október 4-én Perceval a kincstárnok tisztségét is betöltötte, amelybe 1807. március 28-án nevezték ki. Így tökéletesen ismerte a nagypénzügyek bonyolult útvesztőit. Hivatali ideje alatt kincstárnok-helyettese John Charles Herries volt, aki személyes barátja és Nathan Rothschild titkos informátora volt. Lásd N. Ferguson, *The House of Rothschild, Money's Prophets 1798-1848*, 1. kötet, Penguin Books, London, 1999, 86. o. (Ferguson professzor egy bennfentes, aki részt vett a virginiai Chantillyben, az USA-ban tartott Bilderberg-konferencián.)

[63] W. D. Bowman, op. cit., 290. o.

befektetők tudták, mit csinálnak. Céljuk az volt, hogy lépésről lépésre jelzáloggal terheljék az egész országot... a földeket... a házakat... az ingatlanokat... a munkát. Tervük olyan eredményt hozott, amilyet a világ még soha nem látott: nyomort a bőség közepette."[64]

1800-ban Sir William Pultney, egy parlamenti képviselő, „heves támadásokat" intézett a Bank ellen, majd javasolta egy nemzeti bank létrehozását.[65] 1824-ben egy másik parlamenti képviselő, David Ricardo, benyújtott egy részletes tervet[66] az Angol Nemzeti Bank nemzeti bankká alakítására. Mindkét kísérlet kudarcot vallott. Az Angol Nemzeti Bank ügyletei titokban maradtak, és csak 1833-ban, 139 évvel később, az 1833-as törvény révén mutattak be a parlamentnek egy szűkített változatot tevékenységéről.[67]

Az első világháború kitörésekor, 1914-ben, az államadósság 650 millió fontra rúgott.[68] 1919. március 31-én ez az összeg 7,434 milliárd fontra emelkedett[69], amelyből 95 évvel később még mindig 3 milliárd fontot kell visszafizetni, évi 3,5%-os kamatláb mellett. 1919-ben a költségvetési kiadások 40%-át kamatfizetésekre fordították. A második világháború alatt az államadósság csaknem 300%-kal nőtt, 1939-es 7,1 milliárd fontról 1945-re 20,1 milliárd fontra. 2014 júniusában 1,3 billió fontra rúgott.[70] Ha azonban ehhez hozzáadjuk az összes kötelezettséget, beleértve a köz- és magánszféra nyugdíjait is, az összeg meghaladja az 5 billió fontot.

[64] W. Cobbett, *The Political Register,* XVIII. kötet, 1. szám, London, 1810. július 14.

[65] Uo., 207. o.

[66] W. D. Bowman, op. cit., 228. és A. M. Andreades, op. cit., 417–427. o.

[67] A. M. Andreades, op. cit., xii. o. és 261. o.

[68] Néhány nappal azután, hogy Anglia 1914. augusztus 4-én hadat üzent, sürgősségi intézkedésként 300 millió font értékben bocsátottak ki adósság- és kamatmentes, 10 és 1 font címletű Bradbury-bankjegyeket. Ezeket hamarosan háborús kölcsönök váltották fel. Frederick Soddy Nobel-díjas professzor elmagyarázta, milyen csalárd módon kötötték meg ezeket a kölcsönöket: „Az Angol Nemzeti Bank körlevelet adott ki, amelyben 3 százalékos kamatra kínált kölcsönt a háborús kötvények megvásárlásához szükséges pénzre, amelyekre az adófizetőnek 4 százalékos kamatot kellett fizetnie. Így minden font után, amelyet az adófizető kölcsönvett, a bank 15 pennyt kapott, a fiktív jegyző pedig 5 pennyt. A bank semmilyen kockázatot nem vállalt, mivel az új jegyzést a kölcsön fedezeteként tartotta, amíg az adósságot vissza nem fizették. " F. Soddy, *Wealth, Virtual Wealth and Debt,* G. Allen & Unwin, London, 1933, 255. o.

[69] A. N. Field, op. cit., 164–165. o.

[70] www.nationaldebtclocks.com/unitedkingdom.htm

AZ ÁLLAMOSÍTÁS

1946. február 14-én a munkáspárti kormány államosította a Bank of Englandet. A részvényesek 11 015 100 font értékű kincstári kötvényeket kaptak, amelyek 20 év múlva váltottak be. Ez az államosítás, amelynek célja a bank állami ellenőrzés alá helyezése volt, semmiben sem változtatott a frakcionális tartalékok nélküli magán -bankrendszeren, és kizárólag propagandacélokra szolgált, szerepelve a Munkáspárt bizonyos pénzügyi és ipari szektorok államosítására vonatkozó programjában.

1974. április 6-án a Bank of England bejegyezte a Bank of England Nominees Limitedet, a 1307478 szám alatt nyilvántartásba vett, 100%-ban tulajdonában lévő leányvállalatot, amelynek magánrészvényesei birtokolták az egyenként 1 font értékű 100 részvényt, amelyek 50%-át eladták. Egyesek gyanítják, hogy ez a bank irányítási módjának átszervezése valójában a magánrészvényesek általi visszafelé irányuló felvásárlását jelenti. Tekintettel arra, hogy a Bank of England működésének bizonyos aspektusait a Királyi Oklevél 27. szakaszának (9) bekezdése, valamint az 1976. évi társasági törvény és az 1989. évi államtitokról szóló törvény védelme alatt állnak, és így már semmiféle nyilvános ellenőrzésnek, sőt még egyszerű parlamenti vizsgálatnak sem vannak alávetve, ez a feltételezés teljesen megalapozottnak bizonyulhat.

III. FEJEZET

A BOURBONOK, NAPÓLEON ÉS A FRANCIA NEMZETI BANK

Az itt feltárt végzetes tények arra késztettek, hogy feltegyem a kérdést: hogyan lehetséges, hogy ez a szörnyeteg, a kamat, még nem emésztette fel az egész emberi fajt.

– Napóleon Bonaparte,
miközben egy kamattáblázatot vizsgált.

Amikor 1694-ben megalapították a Bank of Englandet, egyik fő célja az volt, hogy biztosítsa a Franciaország elleni háborús cselekmények folytatásához szükséges pénzeszközöket. Abban az időben Franciaország volt a világ első számú hatalma. Mind a tengeri erő, mind a területi birtokok tekintetében. Négy évvel korábban, a Beachy Head-i csatában, Eastbourne közelében, Angliában, a francia haditengerészet döntő vereséget mért az angol flottára: tizenkét hajót elsüllyesztett, míg további húszat az angol legénység saját kezűleg süllyesztett el.[71]

1654. június 7-től Franciaországot legdicsőségesebb uralkodója, XIV. Lajos, a Napkirály vezette. Lajos nagyon jól ismerte a bankárok machinációit. Amikor rájött, hogy pénzügyminisztere, Nicolas Fouquet, az úgynevezett monetáris hatalom képviselője volt, és megkapta a cáfolhatatlan bizonyítékokat arra, hogy „rossz közpénzkezeléssel és szörnyű korrupcióval elárulta a belé vetett bizalmat", letartóztatta. Fouquet-t bíróság elé állították, elítélték, és hátralévő éveire házi őrizetbe helyezték a megközelíthetetlen Pignerol-i erődben. [72]

[71] A trafalgári csatában, 1805. október 21-én a franciák egy hajót vesztettek.
[72] W. G. Simpson, *Wich Way Western Man ?* Yeoman Press, Cooperstown, New York, 1978, 230.

A spanyol örökösödési háború (1702–1714) a keresztes hadjáratok óta a legnagyobb katonai konfliktus volt. Akkor robbant ki, amikor Louis bejelentette szándékát, hogy unokáját, Philippe-t, Anjou hercegét ülteti a spanyol trónra. Ha ez a kísérlet sikerrel járt volna, hatalmas francia-spanyol birodalom jött volna létre, ami közvetlen fenyegetést jelentett volna az Angol Nemzeti Bankra és annak meghatalmazottjára, a brit kormányra. A semmiből pénzt teremtő képességüknek köszönhetően az angolok jelentős flottát tudtak felépíteni, és bőséges kenőpénzekkel megvásárolták Franciaország ellenségeinek hűségét.

Louis kilenc évig maradt hatalmon, amíg örökösei furcsa körülmények között meg nem kezdtek halni. 1711. április 13-án fia, Louis, a Nagy Dauphin állítólag himlőben halt meg, bár már gyermekkorában is átesett a betegségen. 1712. február 12-én unokája, a burgundiai herceg felesége lázroham következtében meghalt. Néhány nappal később, 1712. február 18-án, kiütésekkel borított férje ismeretlen okokból elhunyt. Néhány héttel később a király két dédunokája is megbetegedett a skarlátban. Az ötéves Bretagne hercege 1712. március 18-án meghalt. Hároméves testvére, az Anjou hercege csodával határos módon túlélte a betegséget, miután a király elrendelte elkülönítését és ellenszerrel való kezelését.

Ezeknek a tragédiáknak a nyomán a királyt meggyőzték, hogy szüntesse be a háborús cselekményeket, és kezdjen tárgyalásokat. 1713 márciusában és áprilisában Utrechtben aláírtak egy békeszerződést, amely lehetővé tette Franciaország számára, hogy nagyrészt megőrizze háború előtti határait. Ettől kezdve a francia trónörökösök nem haltak meg többé, bár ez nem akadályozta meg, hogy Louis másik unokája, Berry hercege, aki a leendő XV. Lajos régens volt, egy szokatlan lovas „balesetben” meghaljon.[73]

A bánattól megtörve a Napkirály 1715. szeptember$^{1\text{-jén}}$ természetes halállal hunyt el.

[73] N. Starikov, *Rouble Nationalization The Way to Russia's Freedom*, Szentpétervár, Piter, 2013, 57–58.

Az angolok hatalmas pénzösszegek feletti ellenőrzési képessége nem kerülte el a franciák figyelmét, akik megértették, hogy a háborút a pénzügyi hitelhiány miatt nem nyerték meg. 1716. május 1-jén egy skót, John Law, engedélyt kapott egy magánbank, a Banque Générale megnyitására. A bank az Angol Nemzeti Bank mintájára jött létre, és engedélyt kapott bankjegyek kibocsátására, valamint azok aranyra váltására.[74]

V. Lajos régens, II. Fülöp, Orléans hercege rájött, hogy a bank biztosíthatja a kormány számára a kiadások fedezéséhez szükséges forrásokat, és 1718-ban megalakult Franciaország első központi bankja, amelyet Banque Royale-nak neveztek el.

Az Angol Nemzeti Bank paradigmájának átvétele, amely a pénz *ex nihilo* létrehozásának képességén alapult, hamarosan lehetővé tette a francia gazdaság fellendülését és újbóli virágzását. Ez a prosperitás időszaka azonban rövid életű volt. 1720 januárjában a francia kormány rekordösszegű, 100 millió *font* értékű kölcsönt vett fel. A következő hónapban elterjedt a pletyka, hogy a banknak nehézségei vannak bankjegyeinek aranyérmékre való beváltásával, és „szörnyű pánik" tört ki.[75] A pletyka eredete nem ismert, de a valószínű gyanúsított az Angol Nemzeti Bank lett volna, amely meg akarta semmisíteni veszélyes riválisát.[76]

Különböző kísérletek történtek a Királyi Bank megmentésére. Egy 1720. március 11-i rendelet május 1-jétől betiltotta az érmék használatát. Amikor ez az intézkedés nem tudta megakadályozni a bekövetkező katasztrófát, 1720. május 22-én rendeletet hirdettek, amely 50%-kal csökkentette a bankjegyek értékét. Egy harmadik, 1720. október 10-i rendelet kimondta, hogy november 1-jétől a bankjegyeket kivonják a forgalomból, és azok 50%-kal leértékelődött állami kötvényekre válthatók be. 1720 novemberében a Királyi Bank csődöt jelentett, alapítója, John Law pénzügyminiszter pedig a

[74] Ezek az események inkább a Mississippi Társaság ügyeként ismertek.
[75] N. Starikov, op. cit., 59.
[76] Lásd a IV. fejezetet, amelyben leírásra kerül, hogyan tette tönkre az Angol Nemzeti Bank a forradalmi Franciaország assignátumait.

következő hónapban elmenekült az országból. Az Angol Nemzeti Bank számára a Királyi Bank eltűnése abszolút diadal volt.

XIV. Lajos, a Napkirály, mindig is bizalmatlanságot tanúsított a bankárok iránt. Képtelensége hadseregének és haditengerészetének finanszírozására vereséghez vezetett a spanyol örökösödési háborúban (1702–1714).

NAPÓLEON, A MONETÁRIS REFORMER

Napóleon, aki 1804-től 1815-ig Franciaország császára volt, mindig is tudatában volt annak, hogy a pénz hatalma mindig a háttérben marad, és csak ügynökökön keresztül érvényesül, akik gyakran maguk sem tudják, milyen célokat szolgálnak. Rájött, hogy a nemzetközi pénzügyi világ minden egyes külföldi ellenség, minden uralkodó és minden politikai párt, beleértve a jakobinusokat is[77], mögött leselkedik, és egy nap kijelentette: „Az adó kéz a fogadó kéz felett áll. A pénzembereknek nincs hazájuk, nincsenek hazafiságuk és tisztességük: egyetlen céljuk a nyereség."[78] Nagyon világos elképzelései voltak arról, hogyan kívánja irányítani a francia gazdaságot. Rendszerét úgy határozta meg, hogy az a kormány erőforrásainak, beleértve a pénzügyeit is, a nép javára és Isten legnagyobb dicsőségére való kiaknázását szolgálja. Rendszere a szellemi értékek elsőbbségét támogatta a anyagiakkal szemben, a nemzetét a politikai pártokkal szemben, a hazafiságot a kozmopolita kapzsisággal szemben, a lojalitást a despotikus terrorral szemben.[79]

[77] A jakobinusok eredetileg egy szélsőbaloldali forradalmi politikai mozgalom tagjai voltak, akik a centralizált köztársaság elvét hirdették. A forradalom során ők vezették be a terror uralmát. A Jakobinusok Klubja a párizsi Rue St Jacques utcában volt.

[78] R. McNair Wilson, *Monarchy or Money Power*, Eyre & Spottiswoode, London, 1934, 92. o.

[79] Ebben hasonlít a Vichy-Franciaország mottójához: „*Munka, Család, Hazafiság*".

Napóleon megalapítja a Banque de France-t, 1800. november 18.

A gazdaság alapját a mezőgazdaságnak kellett képeznie: „mert ez a nép lelke... a Királyság alapja."[80] Ezt követte az ipar, amely: „gondoskodik a lakosság kényelméről és boldogságáról"[81] Végül pedig a külkereskedelem következett, amely kizárólag a mezőgazdaság és az ipar többletéből állt. Szerinte: „a külkereskedelemnek a mezőgazdaság és a hazai ipar szolgálatában kell állnia, ezek soha nem lehetnek alárendelve neki."[82] Napóleon végső célja az volt, hogy nemcsak a pénzügyi függetlenséget biztosítsa, hanem az országos szinten fogyasztott áruk termelésének önellátását is.

Napóleon soha, semmilyen körülmények között nem engedte, hogy az állam hitelekhez folyamodjon a folyó kiadások fedezésére, legyenek azok polgári vagy katonai jellegűek. Az adósságról a következőket nyilatkozta:

> „Elég volt csak belegondolnom, hová vezethetnek a kölcsönök, hogy felismerjem veszélyességüket. Ezért soha nem akartam semmi közöm lenni hozzájuk, és

[80] R. McNair Wilson, op. cit., 97. o.
[81] Uo., 97. o.
[82] Uo., 97. o.

mindig határozottan elleneztem azok igénybevételét. Egyesek azt állították, hogy azért nem vettem fel kölcsönt, mert nem volt hitelképességem, és nem találtam senkit, aki hajlandó lett volna kölcsönadni nekem. Ez az emberi természet nagyon szűk ismeretét és a pénzügyi módszerek teljes ismeretlenségét jelenti, ha ezek az emberek azt képzelik, hogy nem találtam senkit, akitől adósságot vehettem volna fel. Ez egyszerűen nem volt része a rendszeremnek."[83]

A Francia Birodalom Állami Bankja

Napóleon első intézkedése, amikor 1799. november 9-én első konzulként hatalomra került, a Banque de France 1800. január 18-i alapítása volt részvénytársaság formájában, amely ugyanazon év február 20-án kezdte meg működését. Ez a bank felváltotta azt a 15, főként zsidó tulajdonú magánbankot, amelyek mélyen részt vettek az 1789-től 1799-ig tartó francia forradalomhoz vezető eseményekben.[84] Ezek a bankok olyan kizsákmányoló kamatokat számítottak fel a francia koronának nyújtott hitelekre, hogy 1789 előtt az utóbbi kiadásainak több mint 50%-át ezek kifizetésére fordította.

A bankot 30 millió frank alaptőkével hozták létre, amelyet 30 000, egyenként 1000 frank névértékű részvényre osztottak fel, amelyek egy részét Napóleon, családja és környezete tagjai jegyezték.[85] A részvényesek osztalékát eredetileg évi 6%-ra korlátozták, de 1806-ban a bank nyereségének kétharmadára emelték, a fennmaradó egyharmadot pedig tartalékba helyezték. A kétszáz legnagyobb részvényes választotta meg a 15 régenset vagy igazgatót, akik a bank Általános Igazgatótanácsában ültek, valamint három cenzort vagy felügyelőt, akik felügyelték a bank irányítását.

Az Igazgatótanács viszont megválasztott egy háromtagú

---

[83] Uo., 96. o.

[84] C. Quigley, *Tragedy and Hope, A History of the World in Our Time,* The Macmillan Company, New York, 1966, 515. o.

[85] www.banque-france.fr/en/banque-de-france/history/the-milestones/1800-creation-of-the-banque-de-france.html

Központi Bizottságot, amelynek egyik tagja volt az elnök.[86] Napóleon kinevezte magát a Bank elnökévé, kijelentve, hogy „a Bank nem csak a részvényeseké, hanem az Államé is, mivel ez utóbbi biztosította számára a pénz kibocsátásának kiváltságát. „Szeretném, ha a bank kellő mértékben az állam kezében lenne, de nem túlzottan."[87]

1803. április 14-én egy parlamenti törvény révén Napóleon eltörölte a két rivális bank, a *Caisse d'Escompte de Commerce* és a *Comptoir Commercial* bankjegy-kibocsátási jogát. Ahogyan akkoriban megjegyezte:

> „Nem azt mondták nekem, hogy a hitel megőrzése érdekében szükséges, hogy a mesterséges pénzt, mint amilyet a Banque de France hoz létre, egyetlen forrásból bocsássák ki? Elfogadom ezt az elképzelést. Egyetlen bankot könnyebb felügyelni, mint többet – mind a kormány, mind a nép részéről. Sürgős esetben nem látok semmilyen előnyt egy ilyen típusú versenyben."[88]

1806. április 22-én új törvényt hirdettek ki, amely a Központi Bizottság három tagját egy kormányzóval és két helyettessel váltotta fel.[89] Ezeket a kinevezéseket Napóleon személyesen hagyta jóvá. Az új törvény a Bank tőkéjét 90 millió frankra emelte. Napóleon annyira bizalmatlan és gyanakvó volt a bankárokkal szemben, hogy felügyelte a Kincstár műveleteit, hogy megakadályozza, hogy monetáris politikájának titkai kiszivárogjanak és spekulánsok kihasználják azokat. Így ő maga lett a saját bankára, aki egyszerre ellenőrizte a pénz és a hitelek létrehozását és elosztását, a nemzetközi bankárok, különösen a Rothschildok nagy bosszúságára, akik gyakorlatilag kizáródtak a kontinens piacain zajló műveletekből. Napóleon a frankot Európa legstabilabb valutájává tette. Miután Franciaország elhagyta a londoni City

[86] A banki tevékenység története az összes vezető nemzetben; beleértve az Egyesült Államokat, Oroszországot, Hollandiát, a skandináv országokat, Kanadát, Kínát és Japánt; 13 szerző összeállításában. Kiadta *a The Journal of Commerce and Commercial Bulletin* szerkesztője, New York, 1896, 3. kötet (Franciaország, Olaszország, Spanyolország, Portugália, Kanada).

[87] Encyclopedia Britannica, 1964, 3. kötet, 132. o.

[88] A *The Journal of Commerce and Commercial Bulletin* kiadója, op. cit.

[89] Uo.

kötvénypiacát, a depresszió köde borult a bankárok és uzsorások testvériségére. Jelentős módon az angol sajtó rágalmazásokat kezdett terjeszteni Napóleonról. Azzal vádolták, hogy nem tartotta tiszteletben az 1802. március 25-én Anglia és Franciaország között aláírt Amiens-i Szerződés feltételeit. A kapcsolatok feszültté váltak, amikor Napóleon megtagadta egy kereskedelmi megállapodás aláírását, amelynek célja a „kereskedelmi szabadság" növelése és a mai globalizáció előkészítése volt, így kényszerítve őt kontinentális politikájának autarkizmusának és izolacionizmusának csökkentésére.

Anglia, nemzetközi bankárainak irányításával, ekkor Ausztriát, Poroszországot, Oroszországot, Spanyolországot és Svédországot kezdte finanszírozni[90], és azonnal hadat üzent Franciaországnak. A koalíciós erők[91] létszáma meghaladta a 600 000 főt. Napóleon ennek még a harmadát sem tudta összegyűjteni, ezért banki kölcsönökhöz kellett volna folyamodnia, hogy felfegyverzze és ellássa csapatait. 1803. december 20-án megelőzte a háborúpártiakat azzal, hogy 3 millió fontért eladta Louisianát az Egyesült Államoknak. Ezt követően rövid béke és jólét következett. 1806-ban azonban egy új koalíció, amely Angliából, Oroszországból és Poroszországból állt, utóbbi kezdeményezésére háborúba lépett. Bár 1806. október 14-én Jénán legyőzte őket, Napóleon kénytelen volt a következő kilenc évben egy sor felesleges háborúba bocsátkozni, hogy megvédje Franciaországot és új gazdasági rendszerét. Kihirdette a kontinentális blokádot, amelynek célja az volt, hogy megsemmisítse Anglia külkereskedelmét, mivel tudta, hogy az angolok nem tudják egyszerre fizetni importjukat és szövetségeseiket finanszírozni.

[90] *Az Encyclopedia Britannica,* 1964, 19. kötet, 573. oldal szerint a Rothschildok a napóleoni háborúk során 100 millió fontot „gyűjtöttek össze" Európa különböző kormányai számára.

[91] Ez volt az első a hat különböző katonai koalíció közül.

Tilsiti béke – Napóleon és I. Sándor cár egy tutajon írják alá a békeszerződést a Neman folyón.

A 1807. július 7-én Kelet-Poroszországban, a Neman folyó közepén egy tutajon aláírt tilsiti békeszerződés keretében Napóleon és I. Sándor cár szövetséget kötöttek, amelynek köszönhetően ők lettek a kontinentális Európa urai. I. Sándor beleegyezett, hogy csatlakozik Napóleon Anglia elleni kontinentális blokádjához, és kölcsönös támogatást nyújt egymásnak, amennyiben konfliktusba kerülnek más nemzetekkel, különösen a Brit Birodalommal. Abban az időben Franciaország és Oroszország voltak az egyetlen két ország Európában, amelyek nem álltak a uzsorás rendszer uralma alatt, és így nem voltak adósságban a Rothschildokkal szemben. Így ők voltak az egyetlen két szabad és független nemzet. Néhány évvel később azonban Oroszország elkezdte feloldani a blokádot. Ez a lépés azon a tényen alapult, hogy Oroszország, amely elsősorban nyersanyagokat termelő ország volt, gyenge ipari kapacitással rendelkezett, és továbbra is Angliától függött a gyártmányok importja tekintetében. Sándor csak akkor volt hajlandó folytatni a blokádot, ha Franciaország biztosítja számára azokat az árukat, amelyeket korábban Angliából importáltak. Franciaország nem volt képes teljesíteni ezeket a követeléseket, mert Anglia uralta a tengereket, és abban az időben Európában nem léteztek közúti és vasúti infrastruktúrák. Így a blokád fenntartása érdekében Napóleon úgy döntött, hogy 1812. június 24-én 500 000 fős sereggel támadja meg Oroszországot. Bár 1812. szeptember 14-én elérte Moszkvát, rájött, hogy a várost elhagyták, és a következő télen a visszavonulása katasztrófába torkollott: csapatából mindössze 110 000 ember élte túl. A következő évben, 1813. október 19-én Napóleont legyőzték a lipcsei „Nemzetek csatájában". 1814. április 11-én Fontainebleau-ban lemondott a trónról.

Miután száműzték az Elba-szigetre, amely Korzika és Toszkána között fekszik, Napóleon 1815. június 18-án megkísérelte visszatérését a mai Belgium területén zajló waterlooi csatában. Az összes háborúzó felet – Angliát, Poroszországot és Franciaországot – Nathan Rothschild finanszírozta, akitől Franciaország 10 millió font kölcsönt vett fel.[92] Veresége után Napóleont a Dél-Atlanti-óceánon fekvő brit Szent Ilona-szigetre száműzték, ahol 1821. május 5-én, 51 évesen, teljes egészségnek örvendve, rejtélyes körülmények között halt meg. Napóleon maradványainak vizsgálata kimutatta, hogy minden bizonnyal ciánmérgezésben halt meg, krónikus arzénmérgezés következtében.[93] Ilyen esetben nem kétséges, hogy ez egy Rothschild által megbízott gyilkos műve lenne, ami megerősítené az elmúlt két évszázad során folyamatosan ismétlődő szokást, miszerint meggyilkolnak

[92] Lásd N. Ferguson, *The House of Rothschild, Money's Prophets 1798-1848,* 1. kötet, Penguin Books, London, 1999, 95–99. o., arról, hogyan finanszírozták Wellington herceg hadseregét. 1936-ban Eberhard Müller írt egy színdarabot *Rothschild Wins at Waterloo/Rothschild győzelme Waterloo-nál* címmel, amelyben Rothschild így magyarázza: „A pénzem mindenütt ott van, és a pénzem barátságos. Ez a világ legbarátságosabb hatalma, kövér, gömbölyű, mint egy labda, és mosolygós."; „Hazám a londoni tőzsde"; és „Anglia sorsa a kezeimben van.", 23. o.

[93] www.napoleon-series.org/ins/weider/c_assassination_w.html Napóleon halálának okait alaposan vizsgálta a néhai Ben Weider, aki 1998. február 18-án előadást tartott *The Assassination of Napoléon/Napóleon meggyilkolása* címmel a londoni Sandhurst Katonai Akadémián. Weider Charles Tristan de Montholon grófot azonosította a valószínűsíthető mérgezőként. Ő napi kapcsolatban állt a császárral, és elég züllött jellemű volt, valamint bűnözői múltja is volt ahhoz, hogy tökéletesen illeszkedjen egy Rothschild által titokban megbízott gyilkos profiljához. Az arzént, egy színtelen, szagtalan és íztelen anyagot, valószínűleg Napóleon napi borfogyasztásába keverték, amely a Jóreménység-fokról származott. (Lásd: Pjotr Vrangelj báró (1878–1928) halála, a Dél-Orosz Fehér Hadsereg főparancsnoka, akit Sztálin parancsára mérgezett meg a Wrangel családdal együtt Brüsszelben, Belgiumban lakó komornyik testvére).

minden olyan vezetőt, aki kamatmentes bankrendszert javasol, vezet be vagy tart fenn.[94]

DÉPÔT DES LOIS, A PARIS.

DÉCRET IMPÉRIAL

Concernant les Juifs qui n'ont pas de nom de famille et de prénoms fixes.

A Bayonne, le 20 juillet 1808.

NAPOLÉON, EMPEREUR DES FRANÇAIS, ROI D'ITALIE, et PROTECTEUR DE LA CONFÉDÉRATION DU RHIN;

Sur le rapport de notre ministre de l'intérieur,

Notre Conseil d'État entendu,

NOUS AVONS DÉCRÉTÉ et DÉCRÉTONS ce qui suit :

ARTICLE PREMIER.

Ceux des sujets de notre Empire qui suivent le culte hébraïque, et qui, jusqu'à présent, n'ont pas eu de nom de famille et de prénoms fixes, seront tenus d'en adopter dans les trois mois de la publication de notre présent décret, et d'en faire la déclaration par-devant l'officier de l'état civil de la commune où ils sont domiciliés.

A zsidók francia társadalomba való beilleszkedésének megkönnyítése érdekében Napóleon 1808-ban rendeletet adott ki, amelyben elrendelte, hogy minden zsidónak vezetéknevet kell felvennie, és ezt a nevet minden dokumentumon használnia kell. Egy 1808-ban írt levelében fiatalabb testvérének, Jérôme-nak Napóleon kijelenti: „Elhatároztam, hogy megreformálom a zsidókat, de nem szándékozom továbbiakat vonzani a királyságomba… Csökkenteni, ha nem is megsemmisíteni kell a zsidók azon hajlamát, hogy számos, a világ társadalmainak civilizációját és közrendjét károsító tevékenységet folytassanak. Meg kell állítani a gonoszt azáltal, hogy megelőzzük; ahhoz,

[94] A meggyilkolt amerikai elnökök többsége monetáris reformokban vett részt. Ezek az elnökök: Abraham Lincoln, James Garfield, William McKinley, Warren G. Harding és John F. Kennedy. Richard M. Nixon elnök nagy érdeklődést tanúsított a Federal Reserve reformja iránt hivatali ideje alatt, és ez hozzájárulhatott bukásához.

hogy megelőzzük, elengedhetetlen a zsidók megváltoztatása... Amint fiataljaik egy része helyet foglal a hadseregünkben, megszűnnek a zsidó érdekek és érzelmek; érdekeik és gondjaik franciák lesznek."

A FRANCIA ÁLLAMI BANK

A FRANCIA ÁLLAMI BANK

A Napóleoni Kódex (*a franciák polgári törvénykönyve*) szerves részeként Napóleon 1804. március 21-én új kereskedelmi törvénykönyvet hirdetett ki. Ezek a gazdasági reformok, amelyek jelentős adócsökkentést is magukban foglaltak, gyorsan lehetővé tették a francia gazdaság fellendülését, és a kereskedelem növekedését, valamint új iparágak, például a pamut- és a cukorrépa-ipar fejlődését eredményezték, mindezt a külföldi árukra vonatkozó vámkorlátozások és a rendkívül alacsony kamatozású hitelek támogatása és kísérése mellett. Az infrastruktúrát nagy léptékben fejlesztették, nemcsak Franciaországban, hanem egész Nyugat-Európában: 32 186 km császári és 19 312 km regionális út épült, közel 1 609 km csatorna, hidak, valamint olyan kikötők kotrása és bővítése, mint Cherbourg és Dunkerque, az ivóvíz-ellátás kiépítése, középületek virágzása, például a Louvre galériája – mindezt a Banque de France által kibocsátott kamatmentes pénzből finanszírozták.

Napóleon létrehozta az Ipari Tanácsot is, amely adatokat és információkat szolgáltatott a hazai ipar számára, majd az Imperiális Egyetemet, amely a franciák oktatásának irányításáért felelt, a szakiskolákat vagy *gimnáziumokat,* amelyek a mérnöki tudományok, a természettudományok és a technika tanulmányozására szolgáltak, a szakképző iskolák pedig a szülésznők képzésére, a szülészet és az állatorvos-tudomány oktatására szentelték magukat.

Napóleon később Szent Ilona szigetén ezeket a megvalósításokat ír orvosának, Barry O'Mearának írta le, és kijelentette, hogy ezek azok a műemlékek, amelyek utána is megmaradnak. „ A koalíciós hatalmak soha nem vehetik el tőlem az általam megkezdett nagy közmunkák érdemét, sem az Alpokon átvezető utakat, amelyeket megterveztettem[95], sem a tengereket, amelyeket összekötöttem. Sehová sem tehetik a lábukat anélkül, hogy ne botlanának bele a nyomokba, amelyeket az enyémek hagytak hátra. Nem törölhetik el azt a törvénykönyvet, amelyet én alkottam, és amely az utókorra marad."[96]

Összegzésképpen megemlíthetjük azokat a teljesítményeket, amelyeket Napóleon felsorolt egykori kamarásának és 18 hónapig Szent Ilonán töltött mindennapi társának, Las Cases grófnak:[97]

> „Új eszméket sugalltam Franciaországnak és Európának, amelyeket soha nem felejtenek el... Franciaország pénzügyei a legjobbak a világon. Kinek köszönheti ezt? Ha nem döntöttek volna meg, teljes változást hajtottam volna végre a kereskedelem és az ipar területén. A franciák erőfeszítései rendkívüliek voltak. A jólét és a haladás mindenütt jelen volt. Mindenfelől új ötletek merültek fel, ezeket publikálták és terjesztették, mert én gondoskodtam arról, hogy a tudomány eljusson a néphez... Ha időt adtak volna nekem, hamarosan nem lett volna egyetlen kézműves sem Franciaországban; mindannyian művészek lettek volna."[98]

---

[95] A Simplon-hágó. Az egyik fő ok, amiért Napóleon megépíttette ezt a hágót, az volt, hogy megkönnyítse tüzérsége Olaszországba szállítását.

[96] I. Tarbell, *A Short Life of Napoleon*, S. S. Mcclure Limited, New York, 1895, VI. fejezet: Napóleon mint államfő és törvényhozó – Pénzügyek – Ipar – Közmunkák. http://history-world.org/Napoléon7.htm

[97] Emmanuel Augustin Dieudonné Joseph Las Cases gróf (1766–1842). Ő jegyezte le Napóleon emlékeit, gondolatait és törekvéseit, amelyeket később *a Le Mémorial de Sainte-Hélène* című műben tettek közzé.

[98] R. McNair Wilson, op. cit., 98–99. o. A szerző meglátogatta azt a házat, ahol I. Péter 1697-ben rövid ideig élt Zaandamban, Hollandiában. Napóleon is meglátogatta a házat 1811. október 13-án, és nagy lendülettel aláírta a nevét az egyik belső falra: Napoléon Bonaparte Imperator.

IV. FEJEZET

EGY ÉVSZÁZADNYI KÜZDELEM (1815–1918): ROTHSCHILD KONTRA A NÉPEK

Ki tartja kezében a világ egyensúlyát?
Ki uralkodik a királypárti vagy a liberális kongresszuson?
Ki ébreszti fel Spanyolország ing nélküli hazafiait?
(Azok a hazafiak, akikről annyit pletykálnak a régi Európa újságjai.)
Ki önti az ó- és az újvilágra a szenvedést vagy az örömöt? Ki teszi a politikát gördülékenyebbé?
Ki tud ellenállni Bonaparte merészségének? –
Rothschild zsidó és keresztény kollégája, Baring.

- Lord Byron, *Don Juan*,
Tizenkettedik ének

A KÖZPONTI BANKOK AZ EGYESÜLT ÁLLAMOKBAN

Ahogyan ez a fejezet bemutatja, az Egyesült Államok összes kísérlete a központi bankokkal katasztrofálisra sikeredett.

A gyarmati időszakban az amerikai gyarmatok saját papírpénzt bocsátottak ki. Az első gyarmat, amely ezt meglépte, Massachusetts volt 1691-ben. Hamarosan Pennsylvania, New York állam, Delaware és Maryland is csatlakozott hozzájuk. Pénzüket gyarmati váltónak (colonial script) vagy váltóknak nevezték. Ez a rendszer felszabadította őket az angol bankok ellenőrzése alól, és lehetővé tette számukra, hogy pénzügyeiket inflációmentes környezetben és nagyon alacsony adók mellett intézzék. Az összes gyarmaton gazdasági növekedés indult be, ami nagy jólétet eredményezett, ami nem lett volna lehetséges egy uzsorán alapuló magánbanki rendszerben.

1763-ban az amerikai államférfi, Benjamin Franklin (1706–

1790) Londonba látogatott, ahol megdöbbent a nyomorúságos környékek és a széles körben elterjedt szegénység láttán. Amikor a brit parlament megkérdezte Franklint, hogy magyarázza el az amerikai gyarmatok jólétének eredetét, a következőket válaszolta:

> „Ez nagyon egyszerű. A gyarmatokon saját pénzt bocsátunk ki. Ezt gyarmati hatásnak nevezzük. A kereskedelem és az ipar igényeinek arányában bocsátjuk ki, hogy megkönnyítsük a termelők és a fogyasztók közötti cserét. Így, mivel magunk hozzuk létre a saját pénzünket, mi irányítjuk a vásárlóerejét, és nem kell kamatot fizetnünk senkinek."

A következő évben, 1794-ben, az Angol Nemzeti Bank bevezette a Currency Bill-t ([99], Pénzügyi törvény), amely szigorúan korlátozta a gyarmatok jogát saját pénz kibocsátására, és gyakorlatilag megtiltotta annak jogi státuszát az állami és magánadósságok kifizetésére. Ehelyett a bank arra kényszerítette őket, hogy kamatozó kincstári kötvényeket bocsássanak ki, és azokat eladják az Angol Nemzeti Banknak, cserébe angol pénzt kapva. Ezt követően a pénznek csak a felét adták át. Ez a törvény a gyarmatok gazdaságának összeomlását eredményezte, és egy év alatt a lakosság több mint fele munkanélkülivé vált és szegénységbe süllyedt. Az 1765-ös Stamp Act (bélyegadó-törvény), amelyet a brit parlament fogadott el, volt az utolsó csepp a pohárban, de a gyarmati pénznem eltörlése volt az amerikai forradalom elsődleges oka.

Az 1775. május 10-én először összeülő Második Kontinentális Kongresszus egyik első feladata saját pénznem kibocsátása volt, elsősorban a háborús kiadások finanszírozása érdekében. A pénznem fennállása alatt összesen 241 552 788 dollárt bocsátottak ki. Az Angol Nemzeti Bank gyorsan reagált. Több száz munkást vettek fel, és hamarosan több millió dollárnyi hamis bankjegy gördült ki a nyomdagépekből, és került New Yorkba. A kontinentális dollár a kibocsátás első két évében megőrizte fő vásárlóerejét, de miután az angol hamis bankjegyek forgalomba kerültek, értéke összeomlott, és 1780-

[99] 4 Geo. IIIc. 34. o.

ra egy dollár már csak 2,5 centet ért.

Tizenöt évvel később, 1790-ben, a Bank of England hasonló műveletet indított, 400 munkást foglalkoztatva 17 gyárban Anglia középső és déli részén, hogy kinyomtassa az *assignátumokat*, amelyek a forradalmi Franciaország pénzneme voltak. Az egyházi birtokokhoz indexált *assignátok* kezdetben sikeresen forogtak, hatékony és praktikus csereeszközként. Az államadósság jelentős részét visszafizették. 1792-ben azonban a hamis bankjegyek tömeges beáramlása hamarosan *az assignátok* értékének összeomlását okozta, amit egy rövid hiperinflációs időszak követett. 1803. április 14-én Napóleon Bonaparte bevezette a kormány által kibocsátott frankot, amely 1808-ban törvényes fizetőeszközzé vált.

Az Egyesült Államok Első Bankja, amelyet 1795-ben építettek Philadelphiában. A bank fő részvényese **Mayer Amschel Rothschild** (1744–1812) volt.

Már 1781-ben, az függetlenségi háború befejezése előtt, 1783. április 11-én Robert Morris (1734–1806), a pénzügyminiszter, törvényt hirdetett ki, amely az Észak- i Amerikai Bank létrehozásával az új államot szolgaságba taszította. Ez a bank 1782. január 4-én kezdte meg működését. Jelentős arany- és ezüstbetéteket vonzott be cserébe a Franciaországtól és a Németalföldtől felvett kölcsönökből származó váltókért, ami később lehetővé tette számára, hogy erős tartalékai alapján papírpénzt bocsásson ki. 1791 és 1796 között az infláció elérte a 72%-ot. 1795-ben Pennsylvania állam „riasztó külföldi befolyás és hamis hitel" miatt kivonult a bank joghatósága alól.[100]

1791. február 25-én az Észak-Amerikai Bankot egy második központi bank váltotta fel, amelyet az Egyesült Államok Első Bankjaként (First Bank) mutattak be. Létrehozását Alexander Hamilton, az Egyesült Államok kincstárnokának ([101]) intrikái eredményezték, akinek tettei arra utalnak, hogy szorosan együttműködött az Angol Nemzeti Bank igazgatóival, mivel a bankot az utóbbi mintájára alakította ki. Az új bank 10 millió dolláros tőkével rendelkezett, amelynek 20%-a az amerikai kormány tulajdonában volt, a fennmaradó részt pedig magánbefektetők osztották meg egymás között. A bank heves ellenállásba ütközött a későbbi elnökök, John Adams, James Madison és Thomas Jefferson (akkoriban külügyminiszter) részéről, aki később kijelentette:

> „Ez a Központi Bank egy halálos intézmény, amely ellentétes alkotmányunk minden elvével és formájával... Úgy gondolom, hogy a banki intézmények veszélyesebbek szabadságainkra nézve, mint a fenyegető hadseregek. Máris létrehoztak egy pénzarisztokráciát, amely szembeszáll a kormánnyal. A pénz kibocsátásának jogát el kell venni a bankoktól, és vissza kell adni a népnek, akinek jog szerint jár. Ha az amerikai nép megengedi a bankoknak, hogy ellenőrizzék a pénz kibocsátását, először inflációval, majd deflációval, a bankok és a körülöttük virágzó vállalatok megfosztják a népet minden tulajdonától, amíg gyermekeik hajléktalanná válnak azon a kontinensen, amelyet apáik hódítottak meg."[102]

[100] T. H. Goddard, *History of Banking Institutions of Europe and the United States*, H. C. Sleight, 1831, 48–50. o.

[101] Hamilton 1755. vagy 1757. január 11-én született egy francia hugenotta anyától, Rachel Faucett Levine-től, a karib-tengeri Nevis szigetén, a Mont Sion hegy árnyékában. Valószínű, hogy Hamilton nem volt az igazi neve. A szerző meglátogatta a szigetet és a Hamilton Múzeumot.

[102] Levél John Cartwright őrnagynak, 1824. június 5.

A következő évben a bank megszervezte az első, „1792-es pánik" néven ismert összeomlást. Azzal, hogy elárasztotta a piacot könnyű hitelekkel, majd hirtelen a legtöbbjük visszafizetését követelte, a bank az egész gazdaságot általános válságba sodorta. Ez társadalmi nyomort váltott ki, és a tőzsde összeomlott.

1795 végén a bank 6 millió dollárt kölcsönzött a kormánynak, ami tőkéjének 60%-át jelentette. Mivel a bank állítólag aggódott a kormány pénzügyeinek stabilitása miatt, a kölcsönök részleges visszafizetését kérte. A kormány nem rendelkezett a szükséges pénzeszközökkel, ezért kénytelen volt 1796 és 1802 között eladni a bankban lévő részesedését. Ezzel a trükkel a bank teljes egészében magánkézbe került, részvényeinek 75%-át külföldiek birtokolták.

1811-ben a bank mandátumát meg kellett újítani. A bank eltitkolta nyereségét, titokban működött és alkotmányellenes volt. Főként az északi pénzügyi érdekek szolgálatára hozták létre, a déli mezőgazdasági fejlődés rovására, míg a Demokrata-Republikánusok (jeffersoniak) meg akarták szüntetni.

Thomas Jefferson volt elnök az egyik volt azok közül, akik „hevesen ellenezték"[103] a törvény meghosszabbítását. A törvényhozókat különösen az aggasztotta, hogy a bank ekkor már 100%-ban külföldi befektetők kezében volt. A sajtó a központi bankot létrehozó törvényt „hatalmas csalásnak", „keselyűnek", „viperának" és „kobrának" nevezte.[104] Ráadásul azt állították, hogy a Kongresszusnak alkotmányos joga van a súlyok és mértékek szabályozására, valamint az érmék kibocsátására.[105] A törvényt csekély többséggel, 65 szavazattal 64 ellenében elutasították, ami nagy teljesítmény volt, mivel nagy a valószínűsége annak, hogy sok támogató szavazatot megvásároltak. Végül 1811. március 3-án a bank bezárta

[103] R. E. Search, *Lincoln Money Martyred,* Omni Publications, Palmdale, Kalifornia, 1989, (először 1935-ben kiadva), 38. o.

[104] Uo., 38–39. o.

[105] Az Egyesült Államok Alkotmánya, I. cikk, 8. szakasz, 5. bekezdés.

kapuit.[106]

Amikor az Egyesült Államok Első Bankjának fő részvényese, Mayer Amschel Rothschild (valódi nevén Bauer) tudomást szerzett a bank alapító okiratának megújításával kapcsolatos mély ellentétekről, dühbe gurult, és kijelentette: „Vagy elfogadják az alapító okirat megújítására irányuló kérelmet, vagy az Egyesült Államok egy rendkívül katasztrofális háborúba keveredik. "[107] Azt is kijelentette: „Megtanítom ezeket a szemtelen amerikaiakat, és visszavisszük őket a gyarmati korszakba." Rothschild megpróbálta rávenni a brit miniszterelnököt, Spencer Percevalt, hogy hadat üzenjen az Egyesült Államoknak, hogy visszaszerezze magánközponti bankját.

1807-ben Perceval pénzügyminiszterként csatlakozott a kabinethez. Abban az időben Anglia háborúban állt Franciaországgal, és egyik fő feladata az volt, hogy forrásokat gyűjtsön a háborús kiadások finanszírozására. Ahelyett, hogy emelte volna az adókat, Perceval számos kölcsönt vett fel, kezdetben a Barings Banktól, majd később főként a Rothschildoktól. Perceval titkára John Charles Herries volt, akit öt évvel korábban neveztek ki erre a posztra. Herries[108] Nathan Rothschild közeli barátja volt, és 1858-ban bekövetkezett haláláig hűségesen szolgálta Rothschild ügyét a brit kormányban betöltött különböző tisztségeiben, mint kincstárfőnök, hadsereg főbiztos, majd pénzügyminiszter.

[109]Eközben Rothschild *provokátorai* Észak-Amerikában terjesztették az elégedetlenséget. Hogy még jobban provokálják az amerikaiakat, a britek elkezdtek beavatkozni Amerika kereskedelmi forgalmába Franciaországgal, amely maga is kereskedelmi blokádot vezetett be Anglia ellen. Mivel a Királyi Haditengerészetnek elfogytak a tengerészei, kényszertoborzást folytattak az amerikai tengerészek körében. Fegyvereket is szállítottak az indián törzseknek, különösen a

[106] http://eh.net/encyclopedia/the-first-bank-of-the-united-states/
[107] www.armchairgeneral.com/forums/showthread.hp%3Ft%3DA109776
[108] N. Ferguson, *The House of Rothschild, Money's Prophets 1798-1848*, 1. kötet, Penguin Books, London, 1999, 86. o.
[109] Fordító megjegyzése: a szövegben franciául szerepel.

chaouanonok vezérének, Tecumsehnek, hogy lassítsák és korlátozzák a telepesek nyugati terjeszkedését. Az amerikaiak viszont jelezték, hogy szeretnének elfoglalni egy részét Kanadának.

Ezzel párhuzamosan Perceval egyre nagyobb nyomást kapott Nathan Rothschild részéről, hogy hadat üzenjen az Egyesült Államoknak. Ő azonban ezt elutasította. A brit hadsereg már így is kilátástalan helyzetbe keveredett Spanyolországban és Portugáliában (a spanyol függetlenségi háború, 1808–1814), ahol Napóleon csapataival küzdött, ezért nem akart további csapatokat és erőforrásokat bevetni, mindezt pedig további kamatos banki kölcsönökből finanszírozni, csupán azért, hogy megőrizze Rothschild hanyatló banki érdekeit Amerikában.

John Bellingham, Spencer Perceval gyilkosa, 1769 körül született St Neotsban, Huntingdonshire-ben. 1800 és 1802 között Arhangelszkben dolgozott import-export ügynökként. 1804-ben visszatért Oroszországba, és az év novemberében hamisan megvádolták 4890 rubel tartozás elmulasztásával, ami négyéves börtönbüntetéshez vezetett. Szabadulása után Bellingham a Duke Streeten, Liverpoolban telepedett le. Hiába nyújtott be petíciókat a kormányhoz kártérítésért.

Ez a keserű és sérelmet szenvedett férfi két kereskedő társaságába került: Thomas Wilson, egy amerikai, és Elisha Peck,[110] egy amerikai zsidó, akik mindketten támogatták a semleges nemzetek Franciaországgal való kereskedelmét tiltó rendelet hatályon kívül helyezését. Ezt a rendeletet Perceval hozta meg válaszul Napóleon kontinentális blokádjára, amelyet ez utóbbi 1806-ban vezetett be, és amely megtiltotta a kereskedelmet Anglia és Írország között. A rendelet meghosszabbításáról kellett volna vitázni a parlamentben azon a végzetes estén. Így tehát érdekek összefonódását látjuk: egy zavart és haraggal teli embert, két kapzsi kereskedőt és a színfalak mögött a szálakat mozgató Rothschildot.

1812. május 11-én 17:15-kor, amikor Perceval belépett az alsóház előcsarnokába, Bellingham odalépett hozzá, és

[110] http://guardian.com/books/2012/may/11/why-spencer-perceval-androlinklater-review (A miniszterelnök meggyilkolása: Spencer Perceval sokkoló halála).

közvetlen közelről szíven lőtte. Perceval összeesett, és azt suttogta: „Gyilkosság... Ó, Istenem!”[111] Majd néhány percen belül meghalt. Négy nappal később Bellinghamet az Old Bailey-ben (a Legfelsőbb Büntetőbíróságon) állították bíróság elé. A tárgyalás három napig tartott. Az elmezavarra hivatkozó védekezést elutasították. A tárgyalás rövidsége valószínűleg annak volt köszönhető, hogy el kellett kerülni minden kellemetlen felfedezést. Ahogyan az ilyen típusú politikai gyilkosságoknál szokásos, a „magányos merénylő” elméletét minden áron fenn kellett tartani. 1812. május 18-án Bellinghamet felakasztották.

A brit miniszterelnök, **Spencer Perceval** meggyilkolása Rothschild gyilkosának, John Bellinghamnek a keze által.

Perceval meggyilkolását követő néhány héttel visszavonták azt a rendeletet, amely megtiltotta a nemzeteknek a Franciaországgal való kereskedelmet.

Az Egyesült Államok Képviselőházában Henry Clay, aki szabadkőműves volt, vezette a „Háborús Sólymok” néven ismert fiatal demokratikus-republikánusok csoportját. A háborúkiáltványról szóló szavazásra 1812. június 1-jén került sor1812. június 1-jén 79 szavazattal 49 ellenében, a 39 federalista pedig megtagadta a törvény támogatását. A

[111] M. Gillen, *Assassination of the Prime Minister: the shocking death of Spencer Perceval*, Sidgwick & Jackson, London, 1972, 185. o.

Szenátusban a szavazás 19-13 arányban döntött a háború mellett. Mivel nem volt egyhangúlag elfogadva, a kritikusok gyakran „Madison háborújának" nevezték ezt az ellenállást.

Angliában Perceval utódja, Lord Liverpool, a háború lelkes támogatója volt. Azonban egyik harcoló fél sem érte el céljait, kivéve Nathan Rothschildot, aki 1816. április 10-én megvalósította tervét, és létrehozta a Második Egyesült Államok Bankját. Amikor a harcok több mint két évvel később, 1814. augusztus 24-én véget értek, több mint 24 000 áldozatot kellett siratni. A háború pénzügyi szempontból nagyon költséges volt az Egyesült Államok számára. Hatalmas, 105 millió dolláros háborús adósságot eredményezett, amit az akkori, alig nyolc milliós népességhez viszonyítva kell értelmezni. Ennek eredményeként az államadósság 182%-kal nőtt, 1812-es 45 millió dollárról 1815-re 127 millió dollárra. A békét 1814. december 24-én írták alá a belgiumi Gentben.

A Második Egyesült Államok Bankja 35 millió dolláros tőkével rendelkezett. A bank azonnal számos fiókot nyitott, hogy összetett kamatozású papírpénzt kölcsönözzön. 1822-ben James Monroe elnök Nicholas Biddle-t nevezte ki a bank elnökévé.

Biddle korábban, 1804-ben, egy kormányzati látogatás során Párizsban lépett kapcsolatba a Rothschildokkal, amikor John Armstrong, az Egyesült Államok franciaországi miniszteri küldöttének titkára volt. A bank elnökeként James de Rothschild, a bank fő befektetőjének, azaz a „ -nek" a jobbkezeként működött.[112]

[112] Patrick Carmack, Bill Still, *The Money Masters: How International Bankers Gained Control of America* (Videó, 1998), szöveg itt: http://users.cyberone.com.au/myers/money-masters.html

A „nép elnöke", **Andrew Jackson**, aki túlélte egy merényletet, mielőtt megvétózta volna azt a törvényt, amely engedélyezte volna a Rothschild tulajdonában lévő Második Amerikai Bank alapító okiratának megújítását.

Az 1819–1821-es, mesterségesen előidézett gazdasági recesszió nagyon jövedelmező volt a bankárok számára, mivel így olcsón tudtak ingatlanokat vásárolni. Ez végül meggyőzte a demokraták vezetőjét, Andrew Jacksont arról, hogy az egyetlen módja ezeknek a visszaéléseknek a felszámolására a központi bank bezárása. 1832-es újraválasztási kampánya során kijelentette: „A szörnyetegnek el kell pusztulnia”[113], és fő szlogenje az volt: „SZAVAZZ ANDREW JACKSONRA – NINCS BANK”. Kijelentette: „Ha a Kongresszusnak az Alkotmány alapján joga van papírpénzt kibocsátani, akkor azt saját maga számára kell felhasználnia, és nem szabad ezt a létfontosságú jogosultságot magánszemélyekre vagy vállalatokra átruházni.”[114] Azt is kijelentette: „Ha az amerikai nép csak megértené, milyen mértékben igazságtalan a bank- és monetáris rendszerünk, holnap reggelre forradalom törne ki.”

Annak ellenére, hogy 1835. január 30-án egy Rothschild-ügynök, Richard Lawrence merényletet kísérelt meg ellene, amikor 1836-ban meg kellett újítani a Második Egyesült Államok Bank 20 éves alapító okiratát, Jackson csődbe vitte a bankot azzal, hogy kivonta belőle az összes kormányzati betétet. Gyorsan teljes egészében visszafizette az államadósságot, 50 millió dolláros többletet hagyva a kincstárban. A központi bankot egy független kincstári rendszer váltotta fel, amely papírpénzen és behajtható készpénzen alapult.

John Tyler elnöksége alatt (1841–1845) a Kongresszus két kísérletet tett az Egyesült Államok Bank alapító okiratának megújítására, Henry Clay, a Képviselőház korábbi szóvivőjének támogatásával. Clay, aki a Kentucky-i páholy nagymestere lett ([115]), szintén a Rothschildok befolyása alatt álló, neves ügynök volt. Tyler mindkét tervezetet megvétózta, és ezt követően több száz fenyegetőlevél és halálos fenyegetés árasztotta el.[116]

Az ezt követő 77 évben az Egyesült Államok központi bank nélkül is virágzott. A fizetőeszközök elsősorban a kincstár által adósság és kamat nélkül kibocsátott bankjegyeken, a

[113] R. V. Remini, *Andrew Jackson*, Twyne Publishers Inc., New York, 1966, 158. o.
[114] R. E. Search, op. cit., 43. o.
[115] A szabadkőművességről lásd: J. Robison: *Proof of a Conspiracy against all the Religions and Governments of Europe, carried on in the Secret Meetings of Freemasons, Illuminati, and Reading Societies, collected from Good Authorities*, Western Islands, Belmont, Massachusetts, 1967 (először 1798-ban jelent meg), 304. o.
[116] O. P. Chitwood, *John Tyler Champion of the Old South*, Russell & Russell, 1964, (először 1939-ben kiadva), 249–251. o.

„greenback" dollárokon[117] alapultak, amelyeket először Abraham Lincoln elnök használt 1862-ben a polgárháború alatti katonai kiadásainak finanszírozására, valamint az arany- és ezüstérméken.[118] (1873-ig az aranyat és az ezüstöt ingyenesen lehetett érmék formájában verni az összes amerikai pénzverdében.) Miután elutasította a magánbankárok ajánlatait, amelyek szerint 24–36% közötti éves kamatláb mellett kölcsönöztek volna pénzt az Egyesült Államok kormányának,[119] Lincoln barátja, Dick Taylor ezredes[120] tanácsára 347 millió dollárnyi pénzt bocsátott ki, ami az amerikai nép számára a nyomtatás és a terjesztés költségein kívül semmilyen egyéb költséggel nem járt. Lincoln bizalmatlansága Lionel Rothschild és nagybátyja, James iránt 1865. április 15-én éjjel John Wilkes Booth[121] (valódi nevén Botha) által elkövetett merénylethez vezetett, amelyet Rothschild helyi ügynöke, Rothberg nevű személy kérésére hajtottak végre.

Az amerikai polgárháború (1861–1865) 5 milliárd dolláros adósságot hagyott az amerikai kormányra. Az infláció miatt ezek a kötvények már csak 2,5 milliárd dollárt értek. E kötvények nagy részét Rothschild ügynöke, Auguste Belmont[122] vásárolta meg, abban a reményben, hogy azokat névértékükön aranyra váltja. Az 1868-as elnökválasztás során a Demokrata Párt jelöltje, George H. Pendleton, kizárólag papírpénzben történő kifizetést ígért. Hamarosan Horatio Seymour váltotta fel Belmont kezdeményezésére, aki 1860-ban vette át a Demokrata Nemzeti Bizottság vezetését. Seymour készpénzes kifizetést ígért. Amikor azonban a konvenció a papírpénz mellett szavazott, Belmont kénytelen

[117] A Konföderációs kormány saját, adósság- és kamatmentes pénzt bocsátott ki, amelyet „graybacks"-nek neveztek. Ezek azonban kevésbé voltak sikeresek, mivel az Unió kormánya nagy mennyiségű hamis pénzt bocsátott ki.

[118] *R. E. Search, op. cit., 67. o.*

[119] *Appleton Cyclopedia*, 1861, 286. o.

[120] 1864. december 16-án írt levelében Lincoln megköszönte Taylor ezredesnek csodálatos ötletét. Lásd a függelékben.

[121] R. E. Search, op. cit., 114–131. o. Booth arról volt ismert, hogy „héberül" beszélt, és gyakran járt a zsinagógába.

[122] Schönberg néven született Alzeyben, Németországban. Lásd még N. Ferguson, *The House of Rothschild, Money's Prophets 1798–1848,* 1. kötet, Penguin Books, London, 1999, 370–375. o.

volt átállni a másik oldalra, és a republikánus jelöltet, Ulysses S. Grant tábornokot támogatni, valamint a *New York World*-*ben* megjelenő cikkeit felhasználva lejáratni és aláásni Seymour választási esélyeit. Grant elnyerte az elnökséget, és amikor 1869-ben megkezdte hivatali idejét, azonnal bevezette a Public Credit Act-et, amely szabályozta az 5 milliárd dollár névértékű kincstári kötvények aranyban történő visszafizetését. Ez lehetővé tette Rothschildnak és társainak, hogy 100%-os nyereséget realizáljanak.

Az ezüstalapú rendszert eltörölték, és az 1873-as Coinage Act törvény révén aranyalapú rendszerre váltottak. 1873. január 17-én a szenátus elfogadta ezt a törvényt. Frederick A. Luckenbach úr 1892. május 9-i eskü alatt tett vallomása szerint Londonban Ernest Seyd úrtól értesült arról, hogy az amerikai ezüstpénz demonetizálását kifejezetten az Angol Nemzeti Bank kormányzói rendelték el, akik ráadásul 100 000 fontot (500 000 dollár) összeget fizettek ki az amerikai kongresszus pénzügyi kérdésekkel foglalkozó tagjainak megvesztegetésére.[123] Ezt a gyalázatos cselekményt „1873-as bűncselekményként" ismerik.

A nép ezüstpénzének kényszerű feladását a Német Birodalomban is megszervezték, amikor a kormány 1871-ben megmagyarázhatatlan módon leállította a *taler* ezüstpénz verését. Kétségtelen, hogy ez a Rothschildok által koordinált, összehangolt terv volt, amelynek célja az aranystandard további megszilárdítása volt.[124]

[123] Uo., 66–68. o. Ezt az eseményt később W. H. Harvey regénye is feldolgozta, Coin Publishing Company, 1894. „Az összeesküvés lényege abban rejlik, hogy a londoni bankárok, akik zsidók voltak, elhatározták, hogy monetáris manipulációval tönkreteszik az Egyesült Államokat. *A Tale of Two Nations* című műben a történetet melodrámaként tálalják, amelynek középpontjában B. Rothe áll, egy név, amelynek jelentése nem veszett el egy olyan generáció számára, amely már sokat hallott a Rothschildok gonoszságairól. Saját haszna érdekében Rothe úgy dönt, hogy ahhoz, hogy megakadályozza Amerika pénzügyi megerősödését, elő kell idéznie a fémpénz demonetizálását. » R. Gollam, *The Commonwealth Bank of Australia: Origins and Early History*, Australian National University Press, Canberra, 1968, 45–46. o.

[124] Lásd: *Official Proceedings of the Democratic National Convention*, Chicago, Illinois, 1896. július 7., 8., 9., 10. és 11., (Logansport, Indiana, 1896), 226–234. o., ahol William Jennings Bryan, a Kongresszus egykori tagja elmondta híres „*Aranykereszt*" című beszédét: „... Az aranyalapra vonatkozó kérésükre azt fogjuk válaszolni, hogy nem

Az aranystandard pusztítást végzett az amerikai gazdaságban, és lehetővé tette a magánbankárok számára, hogy hiteleket utasítsanak el, és tetszés szerint korlátozzák a pénzmennyiséget. Ezt követően 1873-ban, 1884-ben, 1890–91-ben, 1893–94-ben, 1897-ben, majd 1903-ban és 1907-ben pánikok és rendkívüli bankrohamok sorozata következett.[125] Ezek a mesterségesen előidézett bankpánikok annyira feldühítették James Abram Garfield elnököt, hogy nem sokkal hivatalba lépése után, 1881. március 4-én, ugyanazon év június közepén nyilatkozatot tett, amelyben kifejtette, hogy szándékában áll megoldani a problémát:

> „Aki egy ország pénzmennyiségét ellenőrzi, az az egész ipar és kereskedelem abszolút ura… És amikor rájössz, hogy az egész rendszert nagyon könnyen, így vagy úgy, a csúcson lévő hatalmas emberek kisebbsége irányítja, nem kell mondanom, honnan származnak az inflációs és depressziós időszakok."[126]

James Abram Garfield elnököt (jobbra) egy „magányos merénylő", Charles J. Guiteau

szúrhatják a dolgozó világ homlokára ezt a töviskoronát. Nem szabad az emberiséget egy aranykeresztre feszíteniük."

[125] C. A. Lindbergh, *The Economic Pinch (Lindbergh on the Federal Reserve)*, The Noontide Press, Costa Mesa, Kalifornia, 1989, (első kiadás: 1923), 93–94. o.

[126] E. H. Brown, *The Web of Debt, The Shocking Truth About Our Money System and How We Can Break Free*, Third Millenium Press, Baton Rouge, Louisiana, 2008, 96. o.

lőtte le a washingtoni központi pályaudvaron 1881. július 2-án. Középen James Blaine külügyminiszter látható.

Két héttel később Garfieldot lelőtte egy „magányos merénylő", Charles J. Guiteau, aki később tettét azzal indokolta, hogy sérelmet szenvedett egy diplomáciai kinevezés miatt. Garfield nem halt meg azonnal, de a valószínűleg szándékosan elkövetett, nem megfelelő orvosi ellátás következtében 1881. szeptember 19-én bekövetkezett a halála. A tárgyalás során kiderült Rothschild rejtett szerepe, amikor Guiteau kijelentette, hogy „fontos emberek Európában bízták meg ezzel a feladattal, és megígérték, hogy megvédik, ha valaha is elfogják".[127]

Az 1907-es pániknak a legrosszabb következményei voltak. Már 1907 elején Jacob Schiff, a Kuhn, Loeb & Co. vezérigazgatója figyelmeztetett: „Ha nem lesz egy központi bank, amely megfelelően ellenőrzi a hitelezést, akkor ez az ország a történelem legsúlyosabb monetáris pánikját fogja átélni." "[128] Ugyanezen év októberében J. P. Morgan, egy másik Rothschild-báb, pánikot keltett azzal, hogy elterjesztette a pletykát, miszerint riválisa, a Knickerbocker Bank and Trust Co. fizetésképtelen. A következő összeomlás során a részvényei 50%-ot estek az értékükből a New York-i tőzsdén. Ennek a szándékos pániknak a következményei az ipari termelés 11%-os visszaesése voltak a következő évben, az import 26%-os növekedése és a munkanélküliségi ráta robbanásszerű emelkedése, amely 3%-ról 8%-ra ugrott. Ezek a folyamatos fellendülési és recessziós fázisok, az infláció és a defláció adták a motivációt és az ürügyet egy központi bank létrehozásához, amely állítólag egyszer és mindenkorra megoldotta volna ezeket a problémákat.

[127] http://en.wikipedia.org/wiki/James_A._Garfield

[128] A New York-i Kereskedelmi Kamaránál elhangzott beszéd.

AZ EGYESÜLT ÁLLAMOK FEDERAL RESERVE BANKJÁNAK LÉTREHOZÁSA

A közvélemény megtévesztése érdekében két „alternatívát" mutattak be. Az egyiket a Nelson Aldrich szenátor (Nelson Aldrich Rockefeller nagyapja) vezette Nemzeti Monetáris Bizottság támogatta, és Aldrich-terv néven vált ismertté. A másik megoldást a New York-i Kereskedelmi Kamara Monetáris Különbizottsága fogadta el, amelyet Paul Warburg, egy német-zsidó bankár vezetett, aki Rothschild érdekeit képviselte, mégpedig Alfred Rothschild báró személyében. Ez a terv a Wall Street-i terv néven volt ismert. A tartalékok elosztását kivéve a két terv minden tekintetben azonos volt, és egyetlen céljuk a tartalékok központi bankjának létrehozása volt.

1910. november 22-én a összeesküvő bankárok, köztük többek között: A. Piatt, a Pénzügyminisztérium helyettes titkára, Frank Vanderlip, a New York-i National City Bank elnöke, Henry P. Davidson, a JP Morgan and Co. vezető partnere, Charles D. Norton, a New York-i First National Bank elnöke, Benjamin Strong, a Bankers Trust of New York alelnöke, és Paul Moritz Warburg, a Kuhn, Loeb & Co. társtulajdonosa, titokban elhagyták New Yorkot Aldrich Pullman-kocsijában (minden roló leengedve), Hobokenből, a New Jersey-i vasútállomásról, Georgia állambeli Jekyll-sziget felé.[129] Az amerikai nép sorsát a következő tíz napban a JP Morgan tulajdonában lévő, rendkívül exkluzív Jekyll-szigeti Vadászklubban fogja eldönteni ez a bűnös szándékú pénzemberekből álló csoport, amely a „Keresztnevek Klubjának" nevezte magát. Valóban, csak a keresztneveket használták, hogy ne fedjék fel kilétüket az alkalmazottak előtt.[130]

[129] H. S. Kenan, *The Federal Reserve Bank*, The Noontide Press, Los Angeles, 1968, 92–99. o.
[130] Uo., 104. o.

A Képviselőházban az amerikai-svéd **Charles Auguste Lindbergh** támadta a bank- és monetáris törvényt, amelyet „minden idők legnagyobb jogalkotási bűncselekményének" nevezett.

Az Egyesült Államok Federal Reserve Bankjának létrehozásáról szóló törvényt hevesen ellenezte Charles Auguste Lindbergh kongresszusi képviselő, aki kijelentette:

> „Ez a törvény a föld leghatalmasabb monopóliumát hozza létre, olyat, amelyet a Sherman-törvény feloszlatna, ha a Kongresszus nem hozta volna létre kifejezetten ezzel a törvénnyel, amit ez a jogszabály tiltott. Amikor az elnök aláírja ezt a törvényt, a monetáris hatalom láthatatlan kormánya, amelynek létezését a Pujo-vizsgálat bizonyította, törvényessé válik. A Kongresszus legnagyobb bűne a monetáris rendszerében rejlik. Ez az új bank- és monetáris törvény minden idők

legnagyobb törvényhozási bűncselekménye."[131]

A törvény heves tiltakozást váltott ki a Szenátusban is, Robert M. La Follette szenátor, az egyik „leghevesebb ellenzője" révén.[132] Ennek ellenére 1913. december 23-án megszavazták, miután a szenátus tagjait a nem éppen ajánlható Woodrow Wilson elnök – aki „éppoly mentes volt az etikától és az elvektől, mint az erkölcstől" –[133] azzal fenyegette meg, hogy a törvény megszavazásáig felfüggeszti az ülésszakot, megtagadva tőlük a karácsonyi szabadságot. Csak 43 szenátor szavazott a törvény mellett, 25 ellene, 27 tartózkodott, 5 tag pedig távol maradt. A törvény támogatói azt ígérték, hogy az amerikai dollár stabil pénznemmé válik, és a recessziós ciklusok a múlté lesznek.

Ezzel kapcsolatban: az Egyesült Államok Federal Reserve Bankjának 1914-es létrehozása óta az amerikai dollár 97%-át vesztette el vásárlóerejéből, és az ország 19 recessziót, a 30-as évek nagy gazdasági válságát, valamint a 2008-ban kezdődött jelenlegi nagy válságot élte át, amely a hivatalos média által terjesztett propaganda ellenére is minden tünetét mutatja egy gazdasági válságnak. 1910 óta az államadósság 2,65 milliárd dollárról 2014-re 17,5 billió dollárra nőtt, míg a fedezetlen kötelezettségek meghaladják a 240 billió dollárt.[134]

Ahelyett, hogy a nép bankárainak bankjaként működne, az Egyesült Államok Federal Reserve Bankja magánbankként folytatta tevékenységét, kizárólag a magánbankárok javára. Nem meglepő, hogy 100 éves fennállása alatt számláit soha nem vetették alá nyilvános könyvvizsgálatnak.[135]

---

[131] *The Senate,* 51. évf., 1912. november.

[132] E. M. Josephson, *The „Federal" Reserve Conspiracy & Rockefellers,* Chedney Press, New York, 1968, 52. o.

[133] Uo., 43. o. Wilson elnök zsidó zsarolás áldozata lett. Lásd M. C. Piper, *The Making of Woodrow Wilson – An American Hero ? The Barnes Review,* Washington D.C., VI. évf., 2. sz., 2000. március/április, 6–12. o.

[134] http://www.thecommonsenseshow.com/2014/08/05/the-statistics-do-not-liewelfare-is-the-best-paying-entry-level-job-in-35-states/

[135] 2012. július 25-én Ron Paul (texasi republikánus) kongresszusi képviselő nyilvános könyvvizsgálati javaslatot terjesztett elő, amelyet 327 szavazattal 98 ellenében fogadtak el. Ahogyan akkor megjegyezte: „Úgy gondolom, hogy az a tény, hogy ők [a Federal Reserve] billió dollárokat kezelhetnek, és tudják, hogy senki sem tehet fel nekik a

Az alábbi lista feltárja a bank fő részvényeseit:[136]

A londoni és párizsi Rothschild bankok
A párizsi Lazard testvérek bankja
Az olasz Israel Moïse Sieff Bank
A hamburgi és amszterdami Warburg bankok
A Shearson American Express Bank
A Goldman Sachs Bank New Yorkban
A JP Morgan Chase Bank[137]

legkisebb kérdést sem, erkölcsi kockázatot jelent. Ez a javaslat ezt a kockázatot hivatott kiküszöbölni." *USA Today*, politikai rovat.

[136] A Rothschild-ház jelenleg a többségi részvényes, 58%-os részesedéssel. Lásd E. Mullins, *A Federal Reserve titkai*, Vissza a gyökerekhez.

[137] 1992. június 20-án a JP Morgan felvásárolta a Manufacturers Hanover Trustot és annak Federal Reserve-részvényeit.

Robert Marion „Fighting Bob” **La Folette** szenátor, aki mindent megtett, ami hatalmában állt, hogy megakadályozza a bank- és monetáris törvény elfogadását, valamint az amerikai nép előre elrendelt rabszolgasorba taszítását.

AZ OROSZ BIRODALOM ÁLLAMI BANKJA

Az Orosz Birodalom **Állami Bankja** a moszkvai Nelinnaya 12. szám alatt. Ugyanez az épület ad ma otthont az Orosz Föderáció Központi Bankjának.

Eközben az Atlanti-óceán túloldalán egy másik pénzügyi rendszert, nevezetesen az Állami Bankot vezették be. 1814 szeptemberétől 1815 júniusáig tartott a bécsi kongresszus, amelynek célja a francia forradalmi háborúk, a napóleoni háborúk és a Német-római Birodalom felbomlása által felvetett kérdések rendezése volt. A kulisszák mögött Nathan Mayer Rothschild egy új világrend kialakítását javasolta, amelynek középpontjában a központi bankjai álltak volna. Oroszország kivételével minden jelentős hatalom adóssággal tartozott a Rothschild-bankoknak. I. Sándor cár (1801–1825) nem volt hajlandó behódolni a Rothschildok ördögi tervének, és meghiúsította azt. Ehelyett létrehozta a Szent Szövetséget Ausztria, Poroszország és Oroszország között, amelyet 1815. szeptember 26-án írtak alá I. Ferenc osztrák császár, III. Frigyes Vilmos porosz király és I. Sándor cár. Elutasította azt az ajánlatot is, amelyet Rothschild tett neki egy orosz központi bank létrehozására. A történelem nem árulja el, hogy nem bízott-e ebben a háttérbankárban, vagy egyszerűen csak tisztában volt a központi bankrendszer veszélyeivel, de bölcsen elutasította ezt a kérést. Ez az óvatos magatartás azonban a Rothschildok bosszúvágyó és könyörtelen haragját váltotta ki, akik Cherep-Spiridovich gróf vezérőrnagy szerint[138] az utolsó öt cár meggyilkolását okozták, és 102 évvel később látványos módon gyakorolták talmudi bosszújukat.

1860. június 12-én megalapították az Orosz Birodalom Állami Bankját ([139]) azzal a céllal, hogy ösztönözze a kereskedelmi bevételeket és megerősítse a monetáris rendszert. 1894-ig csupán egy kiegészítő intézmény volt, amely közvetlenül a Pénzügyminisztérium felügyelete alatt állt. Ebben az évben a bankok bankjává alakult át, és a kormány gazdaságpolitikájának eszközévé vált. A nemzet érméit és bankjegyeit verte és nyomtatta, szabályozta a pénzmennyiséget, és a kereskedelmi bankok hálózatán keresztül alacsony kamatozású hiteleket nyújtott az iparnak és a kereskedelemnek. Hatalmas aranytartalékai, amelyek a világ legnagyobbjai voltak, 1906-ot kivéve több mint 100%-kal meghaladták a kibocsátott bankjegyek értékét. 1914-re Európa egyik legbefolyásosabb hitelintézetévé vált.[140] Ahogyan az várható volt, Oroszországnak volt a világon a legkisebb államadóssága. Az alábbi táblázat az egyes országok egy főre jutó adósságának rubelben kifejezett összegét mutatja.

Franciaország	Nagy-Britannia	Németország	Oroszország
288,0	169,8	135,6	58,7

1914-ben a nemzeti adósság kamatainak és törlesztésének 83%-át – amelynek kevesebb mint 2%-a volt külföldi tulajdonban – az orosz állami vasutak nyereségéből finanszírozták. -1916 között a fővonalak teljes hossza 100 817 verst vagy kilométer volt. Az orosz kereskedelmi

[138] A. Cherep-Spiridovich gróf vezérőrnagy, *The Secret World Government or „The Hidden Hand"*, The Anti-Bolshevist Publishing Association, New York, 1926, 41. o. Ezek közül a cárok közül egyik sem érte meg a felnőttkort. Átlagos élettartamuk 53 év volt. Lásd még S. Goodson, A cárok meggyilkolása: a Rothschild-kapcsolat, *The Barnes Review*, Washington D.C., XX. évf., 5. sz., 2014. szeptember/október, 38–40. o.

[139] A. Del Mar, *Money and Civilization: Or a History of the Monetary Laws and Systems of Various States Since the Dark Ages, and their Influence upon Civilization*, Omnia Publications, Hawthorne, Kalifornia, 1975 (először 1886-ban jelent meg), 313. o.

[140] Az Orosz Birodalom Állami Bankja, az Orosz Föderáció Központi Bankja, Neglinnaya utca 12., Moszkva 107016.

tonnatartalom 1910-ben 11 130 000 volt, meghaladva a brit kereskedelmi tonnatartalmat, amely 10 750 000 volt.

1861-ben II. Sándor cár (1855–1881)[141] eltörölte a jobbágyságot, amely akkoriban a lakosság 30%-át érintette. 1914-ben már nagyon kevés föld maradt az orosz földbirtokosok, főként a nemesség kezében. A termőföldek 80%-a a parasztok kezében volt, akiknek nagyon csekély összegért adták át azokat. Ezeket a földeket a falu közössége, a *mir* birtokolta. Azonban a Stolypine által 1906-ban kihirdetett törvény[142] után a parasztok tulajdonjogot szerezhettek az ahhoz kapcsolódó öröklési jogokkal együtt. 1913-ban kétmillió család élt ezzel a lehetőséggel, hogy megszerezze az úgynevezett „Stolypine-gazdaságokat". A földbizottság közel 7 689 027 hektárt osztott ki ezeknek a paraszti tulajdonosoknak.[143] A Paraszti Állami Bank, amelyet annak idején „a világ leginkább társadalmi hasznot hozó földszerzési intézményének" neveztek,[144] kedvezményes kamatozású kölcsönöket nyújtott, amelyek valójában nem voltak mások, mint kezelési költségek. 1901 és 1912 között ezek a hitelek 222 millió rubelről 1,168 milliárd rubelre emelkedtek. A mezőgazdasági termelés olyan mértékben megugrott, hogy 1913-ra Oroszország a világ gabonakamrájává vált, amint azt az alábbi táblázat is mutatja.

	Világtermelés	Orosz termelés	%
Árpa	1 771,4	750,04	42,3
Zab	3 324,6	1 087,00	30,3

[141] 1881. március 13-án II. Sándor cárt Szentpéterváron meggyilkolták a *„Narodnaja Volja"* (A Népi Akarat) nevű zsidó terrorista szervezet tagjai.

[142] Pjotr Arkadjevics Stolypin (1862–1911) 1906 és 1911 között Oroszország miniszterelnöke volt. 1911. szeptember 18-án egy zsidó terrorista, Dmitrij Bogrov (valódi neve: Mordechaj Gerszkovics) meggyilkolta.

[143] G. Buchanan, *My Mission to Russia and Other Diplomatic Memories*, Cassell and Company Limited, London, 1923, 161. o.

[144] G. Knupffer, *The Struggle for World Power, Revolution and Counter-Revolution*, The Plain-Speaker Publishing Company, London, 1971, 230. o.

Rozs	2 378,0	1 593,00	67,0
Búza	4 971,4	1 554,80	31,2

Az orosz gabonatermelés 25%-kal meghaladta Argentína, Kanada és az Egyesült Államok együttes termését. 1913-ban Oroszországban 37,5 millió ló élt – ez a világ lóállományának több mint a fele volt. Az ország a világ lentermelésének 80%-át adta, és a világ tojásimportjának több mint 50%-át biztosította. A bányászat és az ipari termelés szintén hatalmas nyereséget hozott. 1885 és 1913 között a széntermelés 259,6 millió pudról[145] 2,159 millió pudra nőtt, a nyersvas-termelés 1890-ben 25 millió poudról 1913-ra 1,378 millió poudra nőtt, az olajtermelés pedig 1906-ban 491,2 millió poudról 1916-ra 602,1 millió poudra emelkedett. 1870 és 1914 között Nagy-Britanniában az éves ipari termelés 1%-kal nőtt, szemben az Egyesült Államok 2,75%-os és Oroszország 3,5%-os növekedésével. Az 1890 és 1913 közötti időszakban az ipari tevékenység megnégyszereződött, és az orosz termelés képes volt kielégíteni a gyártott áruk iránti belföldi kereslet 80%-át – ez a gazdasági önellátás tökéletes példája. A békés császári uralom utolsó 20 éve alatt (1895–1914) a bruttó hazai termék átlagosan évi 10%-kal nőtt.

Mivel az Orosz Állami Bank szinte 0%-os kamat mellett teremtette meg a nép pénzét a semmiből – ellentétben a világ többi részével, ahol a parazita magánközponti bankok tönkretevő uzsorakamatokat számítva teremtik meg saját országuk pénzét –, nem meglepő, hogy 1912-ben Oroszország volt a világ legalacsonyabb adókulcsával rendelkező ország. Ezek a rendkívül alacsony adók az akkori orosz kormány hatékonyságát is bizonyítják. Ráadásul az állami bankrendszer egész időtartama alatt nem volt infláció és munkanélküliség.

Közvetlen adók rubelben, egy főre vetítve

	Állami adók	Helyi adók %	Összesen %

[145] 1 pud = 16,38 kg

	%		
Nagy-Britannia	10,01	16,74	26,75
Németország	5,45	7,52	12,97
Franciaország	6,44	5,91	12,35
Ausztria	5,12	5,07	10,19
Oroszország	1,28	1,38	2,66

Közvetett adók rubelben, egy főre jutóan

	Állami adók %	Helyi adók %	Összesen %
Nagy-Britannia	13,86	-	13,86
Németország	9,31	0,33	9,64
Franciaország	13,11	2,89	16,00
Ausztria	9,9	1,38	11,28
Oroszország	5,95	0,03	5,98

1897 és 1913 között az állami bevételek 1,400 millió aranyrubráról ([146]) 3,471 millió aranyrublára nőttek. 1914-ben a költségvetési többlet 512 millió aranyrublát tett ki, és mindezt adóemelés nélkül. Ugyanezen időszak alatt a külkereskedelmi mérleg többletet mutatott. Az orosz gazdaság pénzügyi helyzetét az alábbi, az aranytartalékokat összehasonlító táblázatból lehet megítélni.

Aranytartalékok

	Arany	Bankjegyek
Az Orosz Birodalom Állami Bankja	1,550	1 494
Francia Nemzeti Bank (központi bank)	1 193	2 196

[146] 1 rubel = két arany shilling; 9,4 rubel = 1 font.

Reichsbank (központi bank)	411	930
Bank of England (központi bank)	331	263

Egy független brit jogtudósok által készített tanulmány arra a következtetésre jutott, hogy az orosz törvénykönyv és igazságszolgáltatási rendszer „a világ legfejlettebb és legobjektívebb rendszere volt”.[147]

[147] G. Knupffer, op. cit., 139–140. o.

Őcsászári Felsége, **II. Miklós** cár. Az Orosz Birodalom Állami Bankja az emberiség történelmében példátlan jólétet biztosított népének.

Az általános iskolai oktatás kötelező és ingyenes volt egészen az egyetemi szintig, ahol csak a beiratkozási díjat számították fel. 1906 és 1914 között évente 10 000 iskolát nyitottak meg. Az orosz egyetemek világszerte híresek voltak magas színvonalú oktatásukról.

Az oroszok úttörő szerepet játszottak a munkajog területén. A gyermekmunkát több mint 100 évvel azelőtt eltörölték, hogy 1867-ben Nagy-Britanniában is megszüntették volna. Oroszország volt az első iparosodott ország, amely törvényeket hozott a gyárakban és a bányákban a munkaidő korlátozására. A sztrájkok, amelyeket a Szovjetunióban betiltottak, a cár idején engedélyezettek voltak, de ritkán fordultak elő. A szakszervezeti jogokat 1906-ban ismerték el, míg a munkaügyi felügyelet szigorúan ellenőrizte a gyárakban uralkodó munkakörülményeket. 1912-ben bevezették a társadalombiztosítást. A munkaügyi jogszabályok annyira fejlettek és humánusak voltak, hogy az Egyesült Államok elnöke, William Taft kijelentette: „Az orosz cár olyan munkavállalói jogszabályokat hirdetett ki, amelyek közelebb állnak a tökéletességhez, mint bármelyik demokratikus országé."[148]

A Orosz Birodalomban élő különböző népek a modern világban példátlan egyenlőséget és esélyegyenlőséget élveztek. II. Miklós cár (1894–1917) császári felsége és állami bankja az emberiség történelmében példátlan munkásparadicsomot teremtett.

1917. november 7-én a Rothschildok, attól tartva, hogy e rendkívüli szabadság- és jólétmodell másolása veszélybe sodorhatja gonosz bankbirodalmukat, provokálták és finanszírozták a zsidó-bolsevik forradalmat Oroszországban,[149] amely feldúlta és tönkretette ezt a csodálatos országot, és gyilkosságok és éhínség révén – Aleksandr Szolzsenyicin szerint – 66 millió ártatlan ember halálát okozta gyilkosságok és éhínség révén.[150]

---

[148] Uo., 142. o.

[149] Winston Churchill, *A cionizmus kontra a bolsevizmus, A zsidó nép lelkéért folytatott küzdelem, Sunday Illustrated Herald,* 1920. február 8. Churchill a forradalmat így határozta meg: „egy világméretű összeesküvés a civilizáció megdöntésére és a társadalom újjáépítésére a fejlődés leállítása, a rosszindulatú irigység és a lehetetlen egyenlőség alapjain, [...] amely egyre csak növekedett... Ez volt a 19. század összes felforgató mozgalmának központi eleme; és most ez a csapat rendkívüli személyiségekből, akik Európa és Amerika nagyvárosainak alvilági köreiből származnak, megragadta az orosz népet a hajánál fogva, és gyakorlatilag e hatalmas birodalom vitathatatlan urai lettek."

[150] A svájci történész, Jürgen Graf szerint Szoljenicyn egy statisztikusra hivatkozott, aki

Hogyan hozták létre a Rothschildok a Szovjetuniót, és hogyan vették át az irányítást

Wall Street és a bolsevik forradalom című művében[151] Antony Sutton író és professzor a Külügyminisztérium és az amerikai nemzetközi bankárok archívumaiból származó dokumentumok segítségével részletesen bemutatja „a Wall Street és a marxista szocializmus közötti lelkes szövetséget "[152] A J.P. Morgan Guaranty Trust Company, John D. Rockefeller Chase National Bankja, Jacob Schiff Kuhn Loeb and Companyja és Olof Aschberg svéd Nya Bankenje[153] létfontosságú pénzügyi támogatása nélkül a zsidó-bolsevik forradalom nem jöhetett volna létre.

Maxim Litvinov (1876–1951) szerepe különösen érdekes a forradalom finanszírozása szempontjából. Eredeti nevén Meyer-Genokh Mojsjewicz Wallach-Finkelstein, ő egy olyan „forradalmár" volt, aki részt vett a cári Oroszország lerombolásában, hogy azt a nemzetközi bankárok kezébe adja.

Litvinov 1898-ban kezdte forradalmi pályafutását. 1901-ben letartóztatták, és 18 hónapot töltött börtönben, mielőtt megszökött. 1903-ban rá bízták a pénzeszközöket, amelyek a Londoni nyomdában kiadott Orosz Szocialista-Demokrata Párt lapjának, *az Iskrának*[154] a finanszírozására és terjesztésére szolgáltak. 1905-ben Litvinov további pénzeszközöket kapott „külföldi barátaitól"[155], ami lehetővé tette számára, hogy fegyvereket szerezzen be – ezeket is Londonból. Ezt követően

a halottak számát 66 millióra becsülte. Az 1920. szeptember 10-i *The American Hebrew Magazine-ban* a következőket írták: „Az orosz bolsevik forradalom a zsidó tervezés és a zsidó elégedetlenség műve volt. A tervünk egy Új Világrend létrehozása. Ami Oroszországban olyan csodálatosan működött, az az egész világ számára valósággá válik."

151 A. C. Sutton, *Wall Street and the Bolshevik Revolution*, Arlington House Publishers, New Rochelle, New York, 1981.

152 Uo., 16.

153 1918-ban a bankot Svensk Ekonomiebolaget névre keresztelték át.

154 Az orosz szó a szikrára utal.

155 N. Starikov, *Rouble Nationalization The Way to Russia's Freedom*, Szentpétervár, Piter, 2013, 189.

Litvinov, akit *Papasha* vagy Papi néven is ismertek[156], az összes külföldi finanszírozás központjává vált, és a párt pénztárosává nevezték ki – egy olyan döntés, amelyet Lenin nem tudott megakadályozni, mert Litvinov a Rothschildok képviselője volt, akiknek hatalma meghaladta Leninét. Utóbbit csupán tájékoztatták a döntésről. Néhány hónappal később, egy genfi ülésen Litvinovot külföldi közlekedési titkárnak választották meg. Leninről ismét csak tájékoztatták erről a döntésről. Litvinov soha nem volt igazi forradalmár, inkább a bolsevizmust használta ürügyként, hogy előmozdítsa uraik céljait.

1908 és 1918 között Litvinov „angol barátai" segítségével Londonban élt.[157] Ebben az időszakban különböző pozíciókat töltött be. Először a Williams and Norgate kiadónál, majd egy utazási irodánál és egy mezőgazdasági gépek boltjában dolgozott. Ezek a foglalkozások ideális álcát nyújtottak titkos tevékenységeihez. 1914-ben, az első világháború kitörésekor az orosz kormány felszólította minden állampolgárát, hogy térjenek vissza Oroszországba, hogy bevonuljanak a hadseregbe. A brit hatóságok azonban engedélyezték Litvinovnak, hogy maradjon. 1916-ban Litvinov feleségül vette az egyik legtekintélyesebb zsidó család lányát, Ivy Low-t.

1918. január 3-án Litvinovot a Szovjet-Oroszország akkreditált képviselőjévé nevezték ki. Az egyik legelső feladata az volt, hogy kérje a cári nagykövetségnek az Angol Nemzeti Bankban lévő pénzének átadását. A bank teljesítette a kérést.

1918 szeptemberében kiderült, hogy Robert Bruce Lockhart nagykövet is részt vett a bolsevikok elleni összeesküvésben. Lockhartot és Litvinovot mindkettőjüket letartóztatta a saját kormányuk, és egy csere keretében Litvinov visszatért Moszkvába. Új feladata az volt, hogy „biztosítsa az Oroszországból származó arany és értékes ékszerek gyors

[156] Uo., 190.
[157] Uo., 188.

elszállítását"[158] Skandinávián keresztül, egy gőzgép-vásárlási program leple alatt, amelyet később „aranygépek" néven ismertek. Oroszország aranytartalékainak egynegyedét Svédországba szállították, mielőtt továbbküldték volna. Eljött a Rothschildok megjutalmazásának ideje.

1921. április 21-én Litvinovot kinevezték a Népi Biztosok Tanácsának tagjává a devizaügyletek és a külföldi aranyeladás ügyében. „Több száz millió [rubel] értékű aranyunk haladt át a kezeimen, mielőtt külföldön eladták volna. Ennek az aranynak a nagy részét különböző közvetítőkön keresztül adtam el nagy francia vállalatoknak, amelyek Franciaországban vagy Svájcban újraolvasztották, majd ez az arany végső rendeltetési helyére, az amerikai Federal Reserve ([159]) széfjeibe került – egy Rothschild tulajdonában lévő magánbankba! Litvinov a „bankárok – a Federal Reserve, a Bank of England és a Szovjet-Oroszország tulajdonosainak – hivatalos képviselőjévé" vált[160]. Mint látható, a bolsevik forradalom nem volt más, mint a Rothschildok által végrehajtott hatalmas rablás.

1921 decemberében megalakult a Kuzbasszi Autonóm Ipari Kolónia. Ez egy hatalmas ipari komplexum irányítását ruházta át arra az amerikai és európai befektetői csoportra, amely a projektet finanszírozta. Ettől a pillanattól kezdve „milliók rubelnyi aranyat szállítottak külföldre vámmentesen, állítólag az európai bankárok által befektetett tőke után járó kamatként"[161], annak ellenére, hogy ezek a befektetések nem voltak mind ilyen jelentősek.

1924-ben Joszif Sztálin lett a Szovjetunió vezetője, de Litvinov, aki senkitől sem félt, továbbra is kiemelkedő személyiség maradt. Sztálin iránti udvariatlansága közismert volt.[162] Az 1937–1938-as tisztogatások során Litvinov szinte

---

[158] Uo., 194.

[159] Uo., 199.

[160] Uo., 203.

[161] Uo., 204.

[162] Uo., 205, 206 és 209. 1941 júniusában, egy külföldi diplomaták részvételével tartott találkozón Litvinov egy pompás gyapjúkabátban jelent

minden képviselőjét letartóztatták és kivégezték. Litvinov egyik legközelebbi barátja, Borisz Stomonyakov mellett állt ki, és közölte Sztálinnal, hogy kezességet vállal érte. Sztálin Litvinov szemébe nézett, és így válaszolt: „Litvinov elvtárs, ön csak saját magáért vállalhat kezességet."[163]

1930 és 1939 között Litvinov a Szovjetunió külügyi népbiztosának posztját töltötte be. 1939-ben a nemzetiszocialista Németország és a Szovjetunió közötti kapcsolatok kezdtek felmelegedni. Ez a feszültségcsökkentés átok volt Litvinov uraik számára, akiknek rémálomszerű emlékeik voltak az 1815-ben Ausztriát, Poroszországot és Oroszországot egyesítő Szent Szövetségről, valamint a *Dreikaiserbundról* (Három Császár Szövetségéről), amelyet Bismarck hozott létre ugyanezen három birodalom között 1872-ben. Litvinov közbeavatkozott, de ekkor Sztálin már elege lett pimasz viselkedéséből. 1939. május 3-án csendes puccs történt, amikor Sztálin „megfosztotta a banki maffia bábját külügyminiszteri címétől".[164]

A Szovjetunió végre elnyerte szuverenitását és függetlenségét a nemzetközi bankároktól a saját állami bankja, a Gosbank segítségével, amelyet 1921. november 16-án alapítottak. Litvinov összes helyettesét és igazgatóit letartóztatták, de őt magát megkímélték, mert érinthetetlen volt. Litvinovnak engedélyezték, hogy visszavonuljon *dachájába,* de folyamatos megfigyelés alatt tartották.

meg. Sztálin megkérdezte tőle, miért nem visel sötét öltönyt, mint mindenki más. Litvinov tréfásan így válaszolt: „A molyok megették".

[163] Uo., 206.

[164] Uo., 207.

Maxim Litvinov (születési nevén Wallach-Finkelstein) több mint negyven éven át a Rothschildok közvetítője volt. Ő szervezte meg Oroszország kifosztását a nemzetközi bankárok által.

1941 vége felé Litvinov szolgálataira ismét szükség volt. Mivel a németek Moszkva kapuit döngették, Sztálin reménytelen helyzete sürgős segítséget igényelt a Nyugattól. Litvinovot szovjet nagykövetként Moszkvába küldték. Az amerikaiak vonakodtak pénzt kölcsönadni a Szovjetuniónak, de Litvinov hamar megoldotta a helyzetet, és néhány héten belül egymilliárd dolláros kölcsönt nyújtottak. Lízingmegállapodást írtak alá, és az azt követő négy évben 11 milliárd dollár értékű nyersanyagot és szolgáltatást szállítottak.

Litvinov „bármikor felhívhatta a Fehér Házat, és [Roosevelt] elnök azonnal fogadta”[165]. Ez a két nemzetközi bankárok szolgája az aranyat – egyrészt Oroszországból, másrészt az Egyesült Államok népétől – közvetlenül a Rothschild-féle Federal Reserve széfjeibe szivattyúzta.[166]

Litvinovot[167] 1943-ban hívták vissza, amikor a háború Oroszország javára fordult. Külügyminiszteri posztjának utódja, Vjacseszlav Molotov, ékesszóló véleményt fogalmazott meg: „Litvinov teljes ellenségeskedést tanúsított irántunk… A proletariátus kezében a legsúlyosabb büntetést érdemelte. Példás büntetést.”[168]

1944. július[1]és 22. között a nemzetközi bankárok konferenciát szerveztek Bretton Woodsban, New Hampshire-ben. Célja egy Világbank és egy Nemzetközi Valutaalap létrehozása volt, amelyek irányítanák a független nemzetek közötti kapcsolatokat és fenntartanák a rögzített árfolyamokat. A szovjet képviselők részt vettek a konferencián, de megtagadták az aláírást, kijelentve, hogy a javasolt intézmények csupán „a Wall Street fiókjai”.[169] Sztálin ezen pimaszsága valószínűleg

[165] Litvinov 1941. november 10-től 1943. augusztus 22-ig volt nagykövet.
[166] N. Starikov, op.cit., 211. 1933. április 5-én a 6102. számú végrehajtási rendelettel az Egyesült Államok kormánya elkobozta polgárai összes aranyát, a numizmatikai érmék kivételével, és papírpénzre cserélte.
[167] Nem meglepő, hogy Litvinov nem volt hajlandó megírni emlékiratait.
[168] F. Chuev és A. Resis, *Molotov Remembers*, Chicago, 1993, 68.
[169] E.S. Mason és R.E. Asher, *„The World Since Bretton Woods: The Origins, Policies, Operations and Impact of the International Bank for Reconstruction”*, Washington D.C., Brookings Institution, 1973, 29.

felkeltette a Rothschildok haragját, de nem tehettek sokat, amíg Németország legyőzetlen maradt.

1945. július 17. és augusztus 2. között Németországban tartották a potsdami konferenciát. Ez határozta meg Európa új határait. Ettől kezdve a Szovjetunió fokozatosan elszigetelődött, és ez volt a hidegháború kezdete. Sztálinnak semmilyen befolyása nem volt Nyugat-Európára. Hadserege teljesen kimerült volt, és már így is elég dolga volt azzal, hogy Kelet-Európát a hegemóniája alá vonja, és helyrehozza az országában keletkezett károkat, amelyeket ő maga okozott azzal, hogy megelőző háborúval provokálta Németországot.[170] Katonai szempontból a Hirosimára és Nagaszakira ledobott atombombák feleslegesek voltak, mivel 1945 januárjában Japán már megpróbálta megtárgyalni a kapituláció feltételeit. A nukleáris holokauszt két sötét célt szolgált: (i) megbüntetni a japánokat azért, hogy létrehozták saját állami bankjukat, és (ii) figyelmeztetést küldeni a Szovjetuniónak, amely már rendelkezett állami bankkal.

A hidegháborút eredetileg a Nyugat folytatta azzal a céllal, hogy térdre kényszerítse a Szovjetuniót. Sztálin, aki inkább nacionalista[171] volt, mint kommunista, ellenállt, és állítólag megmérgezték, mielőtt 1953. március 1-jén agyvérzésben meghalt, amelyre nem kapott semmilyen orvosi kezelést.[172] Ettől a pillanattól kezdve a hidegháború komédiává fajult, mivel a Nyugat, és különösen az Egyesült Államok, jelentős összegeket fektetett be a Szovjetunióba. Jelentős beruházások történtek a Ford teherautókat gyártó Gorki gyárban, valamint a világ legnagyobb autógyártó telephelyén, Volgogradban, ahol Fiat autók készültek. Jelentős finanszírozás történt a

[170] Sztálin 1941. július 6-ára tervezte Németország megtámadását. Lásd V. Suvorov, *The Chief Culprit Stalin's Grand Design to Start World War II*, Naval Institute Press, Annapolis, Maryland, 2008, 328. o. Suvorov úgy véli, hogy „a Szovjetunió elvesztette a második világháborút", 280. o.

[171] Lásd K. Bolton, *Stalin, The Enduring Legacy*, Black House Publishing, London, 2012, 164 o.

[172] S.S. Montefiore, *Stalin: The Court of the Red Tsar*, Weidenfeld & Nicolson, London, 2005, 651–665. Sztálin agyvérzését valószínűleg a warfarin – egy véralvadásgátló szer – okozta, amelyet halála előtti napokban kevertek a borába.

repülés, az informatika és a villamosenergia-ipar területén is. A Szovjetunió a jövedelmező befektetések egyik legkedveltebb célpontjává vált.

Az oroszok csatlakoztak a hadsereghez, de mivel költségvetésük 50%-át fegyverekre fordították, ez egy olyan háború volt, amelyet hosszú távon nem nyerhettek meg. Ez magyarázza, miért nem érte el a Szovjetunióban az életszínvonal soha a nyugati szintet, kivéve a közszolgáltatási szektorokat, mint például az oktatást és a lakhatást.

1991-ben a Szovjetunió szétesett, és az Egyesült Államokból érkezett egy tanácsadói csapat, hogy bevezesse a kapitalista szabadkereskedelem csodáit, amelyek magukban foglalták a jövedelemadót és a uzsorát. Ezen tanácsadók elsődleges célja az volt, hogy „a megfelelő pillanatban terjesszék elő az Orosz Központi Bankról szóló törvényt, ami Oroszország szuverenitásának elvesztése szempontjából több kárt okozott, mint egy megszálló hadsereg."[173]

Közel 200 éven át a cárok és a szovjetek ellenálltak, de végül Oroszország teljes egészében a Rothschildok kezébe került.

[173] N. Starikov, op.cit., 182–183.

A ROTHSCHILDOK FELELŐSSÉGE A BÚR HÁBORÚBAN.

A 19. század folyamán a világ monetáris rendszere az aranystandardon alapult, amelyet a Rothschildok fejlesztettek ki és tartottak fenn. A Witwatersrandban felfedezett hatalmas aranymezők új kitermelési forrást teremtettek, amelyet ellenőrzés alatt kellett tartani ahhoz, hogy ez a tisztességtelen pénzügyi rendszer fennmaradjon. A Rothschildok szerencsétlenségére ezek az új bányák a független *Zuid-Afrikaansche Republiek* területén voltak.

A migránsok és a spekulánsok áradata azonnal elárasztotta az országot. Néhányan közülük britek voltak, de nagy részük „orosz, lengyel és német zsidók voltak, vándorló hajlamúak, akik semmilyen kötődést vagy gyökereket nem éreztek egy adott ország iránt."[174] Az aranybányák tulajdonosai így szinte mindig zsidók voltak. A szektor vezető vállalata az Eckstein Csoport volt, amelyet igazgatójáról, Hermann Eckesteinről neveztek el. Ez a konzorcium magában foglalta a Consolidated Goldfields és az S. Neumann & Co. társaságokat. John Atkinson Hobson professzor *a The War in South Africa Its Causes and Effects című* művében azt írja, hogy „a Rothschildok birtokolták a Goetz & Co. részvényeinek többségét", és hogy „a Rothschildok álltak az Exploration Company mögött, amelyet valójában Wernher, Beit és Rothschild irányítottak". "[175] Ezen felül hozzáteszi, hogy a dinamit monopóliuma és „a gazdag és hatalmas szeszesital-kereskedelem, legális és illegális egyaránt, teljes egészében a zsidók kezében volt"; „felesleges megemlíteni, hogy a tőzsde teljes egészében a zsidók kezében van", és „hogy a

[174] J.A. Hobson, *The War in South Africa Its Causes and Effects*, James Nisbet & Co., Limited, London, 1900, 70. Hobson a 12. oldalon megemlíti, hogy az 1899-es johannesburgi címjegyzékben 24 Jones, 53 Brown és 68 Cohen szerepelt.

[175] Uo., 193. Lásd még R. Rudman, *England Under The Heel Of The Jew*. Ez a 21 oldalas röpirat egy azonos című, 1918-ban Dr. John Henry Clarke orvos által írt műből származik, és C.F. Roworth adta ki Londonban. Ékesszóló beszámolót ad a zsidó földbirtokosok által a Kruger-kormány megdöntésére szőtt összeesküvésről.

johannesburgi sajtó főként a magánbirodalmuk”.[176]

Az 1890-es évek elejétől a külföldi munkások és spekulánsok száma meghaladta a búrokéit. 1896-ban, Jameson sikertelen rajtaütése után, amelynek célja a Transvaal kormányának megdöntése volt, megalakult a Dél-afrikai Liga, amelynek célja az volt, hogy a közvéleményt az *uitlanderek*, azaz a külföldiek szavazati jogának támogatására hangolja. Státuszuk védelme érdekében a búrok csak 14 éves tartózkodási idő után akartak szavazati jogot adni nekik. 1899. május 30-án, az Oranje Szabadállam fővárosában, Bloemfonteinben tartott konferencián Paul Kruger elnök felajánlotta, hogy a tartózkodási időt hét évre csökkenti. A brit főképviselő, Sir Alfred Milner nem adta fel, és kijelentette, hogy az ő szemszögéből ez „reform vagy háború” kérdése.[177] Végül Kruger „széles kezei közé fogta a fejét, könnyek csorogtak szakállas arcán”[178], és szorongással kiáltotta: „Az én országomat akarják!”[179]

1899 szeptemberében a britek provokációként csapataikat a Transvaal határától délre vonultatták fel. 1899. október 9-én figyelmen kívül hagyták azt a kérést, hogy „Őfelsége kormánya hagyjon fel a csapatok összegyűjtésével a Köztársaság határainál, és ne küldjön haderősítést a Brit Birodalom egész területéről”[180]. Két nappal később kitört a háború.

Bár a búrok csak egy amatőr lovas hadsereggel rendelkeztek, kezdetben rendkívüli hőstetteket hajtottak végre. Végül azonban az ellenséges fegyverzet felülmúlta őket, miközben számbeli hátrányba kerültek. 1900 júniusától a búrok gerilla - ra tértek át. Egy mindössze 6000 fős aprócska kontingens képes volt feltartóztatni a világ legnagyobb birodalmából

---

[176] Uo., 193.

[177] P.J. Pretorius, *Volksverraad*, Libanon-Uitgewers, Mosselbaai, Western Cape, 1996, 58.

[178] R. Kraus, *Old Master Thereof Jan Christian Smuts*, E.P. Dutton & Co. Inc., New York, 1944, 92.

[179] T. Pakenham, *The Boer War*, Jonathan Ball Publishers, London, 1979, 68.

[180] S.M. Goodson, *General Jan Christian Smuts The Debunking of a Myth*, Bienedell Uitgewers, Pretoria, 2013, 11.

érkező, közel 450 000 fős hadsereget.

A fegyverszünetet 1902. május 31-én írták alá Vereenigingben. A háború teljes katasztrófa volt a búrok számára. Egy példátlan földégető hadművelet során a búrok birtokait lerombolták, a kutakat megmérgezték, állataikat leészárolták (főként az inak elvágásával, „hogy lőszert takarítsanak meg"), nőiket pedig megerőszakolták. 25 várost romboltak le. 136 000 nőt és gyermeket zsúfoltak össze 46, sátrakból álló koncentrációs táborban, ahol télen a hőmérséklet fagypont alá süllyedt. Közülük 34 000-en haltak meg alultápláltság és a siralmas higiéniai körülmények miatt. 75%-uk 16 év alatti volt.

A britek is súlyos veszteségeket szenvedtek: 21 942 halott (35% harci cselekmények során, 65% betegségek miatt) és 22 829 sebesült. A bankárok elégedetten állapíthatták meg, hogy 222 millió fonttal finanszírozták a háborút, ezzel 132 millió fonttal növelve Nagy-Britannia államadósságát. A Rothschildok számára az angol–búr háború teljes győzelmet jelentett.

A **Rothschildok** által küldött üdvözlőkártya. 1901 decemberében a Rothschildok karácsonyi csomagot küldtek harcoló „csapataiknak”, amelyben írószerek, egy adag dohány, egy pipa, 12 csomag cigaretta, egy könyv, egy csokoládétorta, egy puding és egy kártyajáték volt.

AZ AUSZTRÁL NEMZETKÖZÖSSÉGI BANK

Az Ausztrál Nemzetközösségi Bankot King O'Malley, egy amerikai inspirálta, aki az 1880-as években, miközben nagybátyja bankjában dolgozott New Yorkban, felfedezte a részleges tartalékrendszer titkát. Amikor a bank első kormányzóját, Sir Dennison Millert megkérdezték, honnan szerezné a bank tőkéjét, így válaszolt: „Milyen tőkét? Nincs szükségem tőkére, az én tőkém egész Ausztrália gazdagsága és hitelképessége."[181]

A kormánytól kapott 10 000 font előleggel, amelyet gyorsan visszafizettek, 1912. július 15-én megalapították az Ausztrál Nemzetközösségi Bankot. Bár magánbankként jött létre, állami bankként működött, és minden jogkörrel rendelkezett, hogy ügyeit bármely más bankhoz hasonlóan intézze, beleértve a takarékpénztári tevékenységet is. Ezen felül a bank jogosult volt tőkét bevonni az állam hitelével garantált kötvények értékesítésével. Nyereségét egyenlően osztották el két alap között – egy tartalékalapba a bank által vállalt kötelezettségek teljesítésére, és egy visszafizetési alapba a bank által kibocsátott kötvények vagy részvények visszafizetésére. Ezután nyereségének 50%-át a nemzeti adósság visszafizetésére fordították.

[181] R. Gollam, op. cit., részletesen bemutatja a bank létrehozásához vezető események hátterét.

King O'Malley (1854–1953) volt az ausztrál állami bank, a Commonwealth Bank of Australia létrehozásának inspirálója.

12 éven át, az első világháború (1914–1918) ellenére is, Ausztrália az egyik legvirágzóbb időszakát élte. A bank névleges kamatláb mellett – azaz évi 0,66 százalék mellett – nyújtott kölcsönöket a kormánynak, lehetővé téve ezzel az ország számára, hogy egy hatalmas infrastrukturális programba fektessen be. 18,72 millió ausztrál dollárt szántak a Murrumbidgee folyó gátjainak és öntözőrendszerének, a transzkontinentális vasútvonalnak, erőműveknek, gázgyáraknak, kikötőknek, utaknak és villamosvonalaknak az építésére. Ezen felül a gyümölcstermesztést, a búzatermesztést és a gazdák gyapjútermését 3 millió ausztrál dollárral finanszírozták névleges kamatláb mellett. 4 millió ausztrál dollárt bocsátottak rendelkezésre 15 gőzhajó vásárlására az Ausztrália növekvő exportjának szervezése érdekében, és 8 millió ausztrál dollárt fordítottak lakásépítésre. Az első világháború 700 millió ausztrál dollárba került Ausztráliának, de a Bank kamatmentes kölcsön formájában finanszírozta.

Ez a fenomenális prosperitás időszaka 1924-ben ért véget, amikor Stanley Melbourne Bruce, -i miniszterelnök (1924–1929) és koalíciós partnere, Dr. Earle Page által.[182] Bruce-t gyakran gyanúsították meg kenőpénz elfogadásával, mivel tettei teljesen ellentétesek voltak az ausztrál nép érdekeivel. Hivatali ideje alatt az ausztrál kormány 230 millió fontot kölcsönzött a londoni City-től[183], és 1927-re mind a szövetségi, mind az állami adósság elérte az 1 milliárd fontot, a költségvetés pedig hiányt mutatott.[184]

1924. október 10-én kihirdették a törvényt. Ennek hatására a Bank egy férfiakból álló csoport ellenőrzése alá került, akik később megfosztották a nemzet pénznemének adósság és kamat nélküli kibocsátásának jogától. 1927-ben a Bank elvesztette takarékpénztári fiókjait, és bár továbbra is jogosult volt bankjegyeket kibocsátani, és így minimális pénzverési

[182] Bruce és Earle a National és a Country pártok vezetői voltak.
[183] S. McIntyre, *A Concise History of Australia*, Cambridge University Press, Melbourne, 2009, 168. o.
[184] I. M. Cumpston, *Lord Bruce of Melbourne*, Longman Cheshire, Melbourne, 1989, 74. o.

nyereségre szert tenni, később kizárólag a magánbankok javára működő központi bankká vált. A Bank végső árulása 1947. március 20-án történt, amikor a Képviselőház 55 szavazattal 5 ellenében jóváhagyta a Nemzetközi Valutaalap tagságát, és ezzel alávetette magát a Rothschild által ellenőrzött Nemzetközi Fizetési Bank rendeleteinek és diktátumainak.

AZ ELSŐ VILÁGHÁBORÚ

Az első világháború 1914. június 28-án robbant ki, amikor Gavrilo Princip, feltételezett zsidó származású, a Fekete Kéz terrorista csoport tagja, meggyilkolta Ferenc Ferdinánd főherceget, az osztrák trónörököst és cseh feleségét Szarajevóban, Bosznia-Hercegovinában. Princip Leon Trotski (valódi nevén Lev Davidovitch Braunstein) munkatársa volt,[185] egy orosz zsidó, aki zsidó társával, Vladimir Lenin-nel (örökbefogadásakor Ulyanov névre keresztelték, de valódi neve Zederbaum volt)[186] összeesküdött az orosz monarchia megdöntésére. Őt viszont az amerikai zsidó Jacob Schiff finanszírozta,[187] aki az angol zsidó Lord Walter Rothschild, e szörnyű katasztrófa főmesterének bábja volt. Ezeket a tényeket 1921-ben az Egyesült Államok Szenátusa előtt is megerősítették, amikor kijelentették, hogy „az első világháború teljes felelőssége a nemzetközi zsidó bankárok vállán nyugszik. Ők felelősek több millió halottért. "[188] 1926

---

[185] Princip feltételezett származásáról lásd W. G. Simpson, *Which Way Western Man?*, Yeoman Press, New York, 1978, 682. o., ahol hivatkozik Léon de Poncins művére, *Les Forces Secrètes de la Révolution*, Éditions Saint-Rémi, amely viszont a merénylő perének irataira hivatkozik. Lásd még J. M. Landowsky A *vörös szimfónia* című művét, Hadès Éditions, Christian G. Rakovsky (valódi nevén Chaïm Rakover) NKVD (Sztálin titkosrendőrsége) általi kihallgatását, amelyben bevallja, hogy Trotszkij állt Ferdinánd főherceg meggyilkolása mögött, és hogy a szovjet ötágú csillag a Rothschild testvérek öt fiókját (Frankfurt, London, Nápoly, Párizs és Bécs).

[186] Lenin apja burját volt, nem etnikai orosz. Anyai dédapja Moishe Itskovich Blank, nagyapja pedig Srul Moisevich Blank volt. Utóbbi a keresztnevét Aleksandorra változtatta. Zev Ben-Shlomo, Lenin élete és öröksége, Dimitri Volkogonov, *Jewish Chronicle*, London, 1995. április 4. Lenin zsidó édesanyja Maria Blank volt. Szülei halála után őt és testvérét egy zsidó család fogadta örökbe. 1929-ben Lenin nővére, Anna Uljanova-Jelizarov azt javasolta Sztálinnak, hogy fedjék fel származását, hogy ellensúlyozzák a széles körben elterjedt antiszemitizmust, és a tömegekbe csepegtessék a „zsidó forradalmi szellemet". Annak ellenére, hogy Lenin állítólag a tömegek tiszteletét élvezte, Sztálin arra kérte, tartsa titokban ezt az információt, mert a nyilvánosságra hozatal azt a benyomást kelthette volna, hogy a bolsevik forradalom 100%-ban zsidó volt. Jesse Zel Lurie, „Lenin egy titkos zsidó volt", *Bronward Jewish Journal*, 1992. február 25. A *The Times* 1920. május 10-i, szovjet forrásokon alapuló jelentése szerint a rezsim 556 vezető tisztségviselője közül 458 volt zsidó, ami 82,4%-nak felel meg. A szerző meglátogatta az egyik utolsó Lenin-múzeumot Tampere-ben, Finnországban, ahol Lenin megtervezte az 1905-ös novemberi forradalmat Oroszországban.

[187] Lásd Anthony C. Sutton, *Wall Street és a bolsevik forradalom*, Le Retour aux Sources 2010.

[188] Az Egyesült Államok Kongresszusi Levéltára, 67. [67.]ülésszak, 4 [(4.)]ülés, Szenátusi dokumentumok 346. sz., 1921. 1928-ban a zsidó író, Marcus Élie Ravage a következőket

októberének végén ezeknek a cáfolhatatlan tényeknek egy újabb megerősítése derült ki a brit parlamenti képviselő, Victor H. Cazalet és Henry Ford (1863–1947) közötti beszélgetés során. Amikor utóbbit megkérdezték, kik azok a nemzetközi zsidó pénzemberek, így válaszolt: „Számos könyvem van, amelyekből megtudhatja, kik ők. Ők voltak a felelősek a legutóbbi háborúért, és a jövőben is mindig képesek lesznek háborút kirobbantani, amikor szükségét érzik."[189]

írta: „Még nem kezdtétek el teljes mértékben felmérni bűnösségünk valódi mélységét. Mi vagyunk a betolakodók. Mi vagyunk a rombolók. Elragadtuk a természetes világotokat, az ideáitokat, a sorsotokat, és tönkretettük őket. Mi voltunk a kiváltó okai nem csupán az utolsó nagy háborúnak [az 1 világháborúnak], hanem szinte minden háborútoknak, nem csupán az orosz forradalomnak, hanem történelmetek minden nagy forradalmának. Mi vetettük el a viszályt és a zavart, és ültettük el a frusztrációt személyes és közéletetekben. Ezt tesszük még ma is. Senki sem tudja megmondani, meddig fogjuk ezt folytatni." *The Century Magazine*, 1928. január, 115. évf., 3. sz., 346–350. o., idézi B. Klassen: *The White Man's Bible, The Church of the Creator*, Otto, Észak-Karolina, 1981, 287–289. o.

[189] A. N. Field, *The Truth About the Slump – What the News Never Tells*, magánkiadás, Nelson, Új-Zéland.

Henry Ford, az autóipar úttörője, a nemzetközi zsidó bankárokat nevezte meg az első világháború kirobbantóiként, és elemzéseit a *Dearborn Independant* újságban megjelent *„The International Jew" (A nemzetközi zsidó)* című cikkében fejtette ki.

A kereskedelmi rivalizálást, a szövetségek játékát és a félreértett állásfoglalásokat gyakran állítják az első világháború fő okainak. Azonban a valódi okok fontossági sorrendben a következők voltak:

1) Az Orosz Birodalom és állami bankjának megsemmisítése

2) A többi birodalom (az Osztrák–Magyar, a Német és az

Oszmán Birodalom) felbomlasztása azáltal, hogy kisebb államokra osztották őket, amelyeket így központi bankok létrehozásával könnyebben ki lehetett zsákmányolni.

3) Palesztina elfoglalása és egy cionista bábállam létrehozása a Rothschildok közvetlen ellenőrzése alatt.[190]

1916 végén a brit és a francia hadsereg a háború elvesztésének veszélyével nézett szembe, miután a franciák már lázadást robbantottak ki a nyugati fronton. A britek már korábban, a jutlandi csatában elvesztették tengeri fölényüket, 1916. május 3-án, amikor a német haditengerészet, két az egyhez arányú létszámhátrányban, megalázta a legyőzhetetlen Királyi Haditengerészetet, 12 hajót elsüllyesztve, miközben 6-ot vesztett, 2551 tengerész veszteséget szenvedve, szemben a britek 6094 fős veszteségével.[191] A két császár kétségbeesetten próbált véget vetni ennek a felesleges testvérgyilkos mészárlásnak. Ekkor érkezett Lord Rothschild ajánlata, amely garantálta Amerika támogatását cserébe azért, hogy az Oszmán Birodalom felszámolása után Palesztinát egy csoport cionista zsidónak adják át.[192]

1917. április 6-án az Egyesült Államok hadat üzent Németországnak[193] és a többi központi hatalomnak, 1917. november 2-án pedig Lord Rothschild és cionista munkatársai írásos biztosítékot kaptak Nagy-Britanniától, hogy Palesztinát a zsidó telepeseknek adják.[194] Ezt a hírhedt dokumentumot, az

---

[190] N. Ferguson, *The House of Rothschild, The World's Banker 1849-1999,* 2. kötet, Penguin Books, London, 1999, 449. o.

[191] Léon Degrelle, *A Versailles-ban született Hitler, Hitler százada* 1. kötet.

[192] Az Oszmán Birodalom bukását előidéző Fiatal Törökök mozgalma főként *donmeh* zsidókból (a török nyelvben „átálltakat" jelentő kifejezés) állt, akik a 17. század közepén Sabbatai Zevi által alapított szabbatai zsidó vallást követték. P. Papaherakles, A fiatal törökök és 117 millió fehér ember lemészárlása, *The Barnes Review*, Washington, D. C. XVIII. kötet, 2. szám, 2012. március/április, 22–31. o.

[193] Egy 1961-ben a washingtoni Willard Hotelben elhangzott beszédében Benjamin Freedman (Friedman), egy katolikus hitre áttért volt zsidó, megerősítette, hogy a német zsidók hogyan árulták el Németországot az első világháború alatt azzal, hogy csapdába ejtették az Egyesült Államokat, és rákényszerítették őket, hogy csatlakozzanak Angliához a jövőbeli Palesztina ígéretéért cserébe.

[194] A palesztinai cionista telepesek több mint 98%-a askenázi, akiknek semmilyen szemita etnikai kötődésük nincs a területhez. Ők a kazár királyság leszármazottai, amely Oroszország déli részén, a mai Grúzia területén feküdt. A kazárok a 8. században uralkodójuk, Bulan király vezetésével tömegesen áttértek a judaizmusra. Erre utalás

úgynevezett Balfour-nyilatkozatot, Lord Arthur James Balfour, a brit külügyminiszter, és Jan Christian Smuts tábornok, a Birodalmi Háborús Kabinet tagja fogalmazta meg.

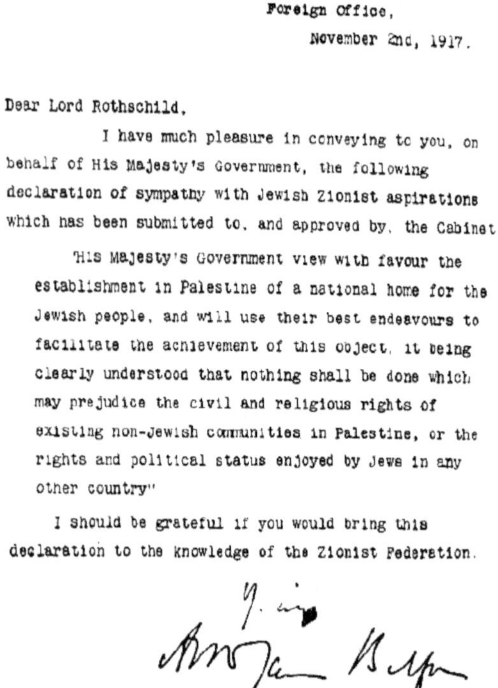

Foreign Office,
November 2nd, 1917.

Dear Lord Rothschild,

I have much pleasure in conveying to you, on behalf of His Majesty's Government, the following declaration of sympathy with Jewish Zionist aspirations which has been submitted to, and approved by, the Cabinet

"His Majesty's Government view with favour the establishment in Palestine of a national home for the Jewish people, and will use their best endeavours to facilitate the achievement of this object, it being clearly understood that nothing shall be done which may prejudice the civil and religious rights of existing non-Jewish communities in Palestine, or the rights and political status enjoyed by Jews in any other country"

I should be grateful if you would bring this declaration to the knowledge of the Zionist Federation.

Lord **Arthur Balfour** levele Lord **Walter Rothschildnak**, a Cionista Szövetség vezetőjének, amelyben megerősítette a brit támogatását egy cionista állam létrehozásához

található Dr. Maurice Fishberg koponyamérési tanulmányában a *Jewish Encyclopaedia* IV, 1902, 331–335. oldalán. Ez a tanulmány, amely 20 éven át közel 3000, különböző országokból származó zsidó koponyát vizsgált, kimutatta, hogy azok a brachycephalia, vagyis a széles fej kategóriába tartoztak, 80-as indexszel; ellentétben az arabok fejével, amelyek dolichephalia, vagyis hosszú fejűek. Lásd még Arthur Koestler, *A tizenharmadik törzs: a kazár birodalom és öröksége.* Random House, 1976, 255. o. És Shlomo Sand, *Hogyan találták ki a zsidó népet*, Verso, 2009, 344. o. és *Hogyan találták ki Izrael földjét: A Szentföldtől a hazáig*, Verso, 2012, 304. o. 2012. december 5-én az Oxford University Press a Molekuláris és Evolúciós Biológiai Társaság megbízásából kiadta Dr. Eran Elhaik, a Johns Hopkins University School of Medicine genetikus kutatójának tanulmányát, amely megerősítette, hogy a „khazár-tézis" tudományosan helytálló.

Palesztinában.

A felesleges háború által okozott vérengzés még két évig folytatódott. Oroszországot teljesen tönkretették, és megoldhatatlan problémát teremtettek a Közel-Keleten. Ahogy Reichorn rabbi 1859-ben prófétai módon megjegyezte: „A háborúk a zsidók aratása, mert hála nekik kiirtjuk a keresztényeket és átvesszük az irányítást az aranyuk felett. Már 100 milliót megöltünk közülük. További háborúkba fogjuk sodorni a keresztényeket, kihasználva nemzeti büszkeségüket és ostobaságukat. Akkor egymást fogják lemészárolni, így még több helyet teremtve népünknek.[195] Hasonlóan, Gutle Schnapper, Mayer Amschel Rothschild felesége 1849-ben, nem sokkal halála előtt kijelentette: „Ha a fiaim nem akarták volna a háborút, nem lett volna háború."[196]

1918. november 11-én fegyverszünetet írtak alá, majd hét hónappal később, 1919. június 28-án aláírták a mélyen hibás Versailles-i békeszerződést. Németországnak el kellett fogadnia, hogy kizárólagos felelősséget vállal, és 6,6 milliárd font exorbitáns kártérítést fizet[197], ami az ország teljes vagyonának felelt meg, annak ellenére, hogy a többi háborúzó fél, Anglia, Franciaország és Oroszország ugyanolyan – ha nem nagyobb – mértékben volt hibás. Ezt a kártérítést arra használták volna fel, hogy visszafizessék a nemzetközi bankároknak azokat a csalárd kölcsönöket és fiktív kamatokat, amelyeket a brit és a francia kormánynak nyújtottak. Ahogy Smuts tábornok a konferencián kijelentette: „Amit itt tettünk, az sokkal rosszabb, mint a bécsi kongresszus. Az 1815-ös államférfiak legalább tudták, mi folyik itt. A mi politikusainknak fogalmuk sincs róla."[198]

[195] *Le Contemporain*, 1880. július 1·

[196] N. Ferguson, op. cit., 20. o.

[197] Az Angol Nemzeti Bank inflációs kalkulátora szerint 6,6 milliárd font 2012-ben 289 milliárd fontnak felelt meg. www.bankofengland.co.uk/education/Pages/inflation/calculator/flash/default.aspx

[198] Léon Degrelle, op. cit., 335. o.

V. FEJEZET

A NAGY GAZDASÁGI VILÁGVÁLSÁG

„A tőkének minden lehetséges módon meg kell védenie magát, mind a csalás, mind a jogalkotás segítségével. Az adósságokat vissza kell fizetni, a jelzálogokat pedig a lehető leggyorsabban le kell foglalni. Amikor a jogi eljárás során a közemberek elveszítik otthonaikat, engedelmesebbé válnak, és könnyebben kormányozhatók a kormány világi karja által, amelyet a gazdagok gyakorolnak a pénzemberek irányítása alatt. Ezeket az igazságokat jól ismerik ügynökeink, akik jelenleg egy imperializmus kialakításán dolgoznak a világ kormányzása érdekében. A politikai pártok rendszerének segítségével megosztva a választókat, arra kényszerítjük őket, hogy energiájukat jelentéktelen kérdésekért költsék és azokért küzdjenek. Így, diszkrét cselekvéssel fogjuk magunknak biztosítani azt, amit már olyan jól megterveztek és olyan sikeresen végrehajtottak."

- Montagu Norman, az Angol Nemzeti Bank elnöke, beszédében az Amerikai Bankárok Szövetségének, New Yorkban, 1924-ben.

A 20. század elején még mindössze 18 központi bank működött: a svéd Riksbank (1668), a Bank of England (1694), a Banco de España (1782), a Banque de France (1800), a Bank of Finland (1812), a Bank of the Netherlands ([199]) (1814), a Norvég Nemzeti Bank (1816), az Osztrák Nemzeti Bank (1816), a Dán Nemzeti Bank (1818), a Portugál Nemzeti Bank (1846), a Belga Nemzeti Bank (1850), az Indonéz Nemzeti Bank (korábban Jávai Bank) (1865), a német Reichsbank (1876), a Bolgár Nemzeti Bank (1879), a Román Nemzeti Bank (1880), a Japán Bank (1882), a Szerb Nemzeti Bank (1884) és az Olasz Bank (1893).

1922-ben április 10. és május 19. között konferenciát tartottak Genovában, amelyen részt vettek az összes államfő, az Angol Nemzeti Bank, a Francia Nemzeti Bank és a New York-i Federal Reserve elnökei, valamint számos nemzetközi bankár.

[199] *A De Nederlandsche Bankot az Amterdamsche Wisselbank* előzte meg, amelyet 1609-ben Dirck van Os alapított, és így a világ első központi bankjának tekinthető.

Ezen a konferencián úgy döntöttek, hogy minden olyan országban központi bankot hoznak létre, ahol még nem volt ilyen. Az Angol Nemzeti Bank kormányzója, Montagu Norman ([200]) hangsúlyozta, hogy a központi bankoknak függetlennek kell lenniük a kormányuktól.[201] A. N. Field művében, *az All These Things-ben* így ír erről a jelentős eseményről:

> „Ezen eljárások merészsége ellenére teljes sikert arattak. A fizetett közgazdászok boldogan fedezték fel, hogy a tartalékbankok csodálatos tudományos eszközök, az újságok csatlakoztak a tapshoz, és a különböző államok politikusai fegyelmezett őröknek viselkedtek, akik a juhokat a vágóhídra vezetik. Az a tény, hogy a pénzemberek egyáltalán nem köztisztviselők, hanem egyszerű ügynökök, akiket egy banki társaság részvényesei fizetnek, és akiknek érdekei a legcsekélyebb mértékben sem állnak kapcsolatban a nemzeti érdekekkel."[202]

A Nemzetközi Fizetések Bankja

Az új központi bankok száma nőtt, különösen „a Nemzetközi Fizetések Bankjának 1930-as baseli megalapítása után, [amikor] a tartalékbankok (amelyek többé-kevésbé függetlenek voltak azoknak az országoknak a kormányaitól, ahol székhelyük volt) [szaporodtak], mint a gomba az egész világon, a kormányok és népük egyhangú jóváhagyása közepette, akiket mindkettőt megtévesztettek ezek a bankok, amelyek leigázni akarták őket.[203]

[200] Montagu Norman, aki szabadkőműves volt, nagyon titkolózó volt, és gyakran titokban járt el. Amikor külföldre utazott, a Skinner professzor álnevet használta. Ez a titkára, Ernest Skinner neve volt. Hivatali ideje alatt soha nem látogatott olyan országba, ahol nem volt központi bank, és soha nem folytatott beszélgetést egy központi bank elnökével egy külföldi pénzügyminiszter jelenlétében. R. S. Sayers, *The Bank of England 1891-1944*, Cambridge University Press, Cambridge, 1976, 159-160. o.

[201] A. N. Field, *All These Things*, Omni Publications, Hawthorne, Kalifornia, 1936, 7. o.

[202] D. J. Amos, *The Story of the Commonwealth Bank*, Veritas Publishing Company Pty Ltd, Bullsbrook, Ausztrália, 1986, 27. o.

[203] Uo., 8. o.

A BIS eredeti célja az volt, hogy megkönnyítse Németország háborús jóvátételének kifizetését a Versailles-i szerződés feltételei szerint, de miután a mesterségesen kiváltott Nagy Világválság hatásai éreztették magukat, és a nemzetiszocialisták 1933 januárjában megragadták a hatalmat, minden kifizetést felfüggesztettek, és a BIS-nek új irányt kellett találnia, nevezetesen a monetáris együttműködés előmozdítását. Valójában a BIS az egyes országok központi bankjain keresztül irányítja és vezeti a globális pénzügyi rendszert, amelyek közül 60 közvetlenül hozzá tartozik.

A bank székhelye a svájci Bázelben található, jelenleg egy 18 emeletes épületben, amely egy erőmű hűtőtornyára hasonlít. Ez a központi bankok központi bankja, vezetői nem választott tisztségviselők és senkinek sem tartoznak elszámolással, alapokmánya mentességet biztosít számára a nemzeti és adótörvények alól, és saját magánrendőrséggel rendelkezik. Ezen felül a Svájci Szövetségi Tanáccsal kötött megállapodás értelmében a bank archívumai, valamint minden dokumentuma és elektronikus adatai minden időben és minden helyen sérthetetlenek. Ez a megállapodás a Hágai Jegyzőkönyv 1929. augusztus 31-én aláírt 2. cikkének X. pontjára vezethető vissza, amely kimondja: „A Bank, vagyona és eszközei, valamint a rá bízott betétek vagy egyéb pénzeszközök, amelyek a... területén vagy annak igazgatása alatt állnak, mentesek minden korlátozástól és korlátozó intézkedéstől, mint például a cenzúra, rekvirálás, lefoglalás vagy elkobzás, békeidőben vagy háború idején, valamint mentes minden megtorló intézkedéstől, tilalomtól vagy az arany- és devizaexport korlátozásától, valamint egyéb hasonló beavatkozásoktól, korlátozásoktól vagy tilalmaktól. » Kéthavonta tartott ülésein, ahol a világgazdaságról tárgyalnak, teljes titoktartás mellett zajlanak. Nincs írásbeli napirend, kivéve, ha a bank alapszabályának valamely pontját felül kell viz, és jegyzőkönyveket sem vezetnek. A bank fő feladatai hivatalosan a következők:

(i) Megállapodások révén elősegíteni a központi bankok közötti együttműködést.

(ii) A pénzügyi stabilitás előmozdítása

(iii) Politikai megoldások keresése

(iv) A központi bankok pénzügyi tranzakcióinak partnerként való fellépés.

(v) Közvetítőként vagy kezelőként működni a nemzetközi pénzügyi műveletekben.

A BIS valódi természetét azonban a *Tragedy and Hope* (Tragédia és remény) című könyvben tárta fel egy bennfentes, Carroll Quigley, a Georgetown Egyetem professzora, aki így magyarázta:

> „Mindezen gyakorlati célok mellett a pénzügyi kapitalizmus hatalmai egy nagyratörő célt is dédelgettek, nem kevesebbet, mint egy magánkézben lévő globális pénzügyi ellenőrzési rendszer létrehozását, amely képes lenne uralni minden ország politikai rendszerét és a világ egész gazdaságát. Ezt a rendszert feudális módon kellett volna irányítani a világ központi bankjai által, amelyek gyakori találkozókon és konferenciákon kötött titkos megállapodások révén összehangoltan jártak el. A rendszer csúcspontját a svájci Bázelben található Nemzetközi Fizetések Bankja (BIS) jelentette volna, egy magánbank, amelyet a világ központi bankjai birtokoltak és irányítottak, amelyek maguk is magánszervezetek. Minden központi bank – olyan emberek kezében, mint Montagu Norman az Angol Nemzeti Bankból, Benjamin Strong a New York-i Federal Reserve-ből, Charles Rist a Banque de France-tól, és Hjalmar Schacht a Reichsbanktól, arra törekedett, hogy uralja kormányát azáltal, hogy ellenőrizte az állami hitelfelvételt, manipulálta a külkereskedelmet, befolyásolta a gazdasági tevékenység bel -szintjét az országon belül, és a együttműködő politikusokat befolyásos pozíciókkal jutalmazta az üzleti világban."[204]

[204] Carroll Quigley, *Tragedy and Hope, A History of the World in Our Time*, The Macmillan Company, New York, 1966, 324. o.

Illúzió és valóság – munkanélküliek sorakoznak Chicagóban 1937-ben.

Ahogy Quigley professzor 1966-ban megjósolta, a BIS végső célja egy egységes világpénz, egyetlen globális gazdasági rendszer és egy világkormány, ahol a nemzeti törvények már nem érvényesek és nem is indokoltak. A Bank irányítása a Rothschild-ház kezében van, a különböző központi bankokba és más magánbankokba történő befektetései révén.

A második világháború és az európai gyarmatbirodalmak felbomlása után – mivel azok gazdaságilag már nem voltak életképesek, és a nemzetközi hitelek révén jobb kilátások nyíltak a kizsákmányolásukra –[205] a központi bankok száma megsokszorozódott, és jelenleg 155-re rúg. Ezek közül nyolc bank teljes mértékben magánkézben van: a, a Belga Nemzeti Bank, a Görög Nemzeti Bank, az Olasz Nemzeti Bank, a Japán Bank, a Dél-afrikai Tartalékbank, a Svájci Nemzeti Bank, a Török Köztársaság Központi Bankja és az Egyesült Államok Szövetségi Tartalékbankja. Ezen központi bankok összehangolt létrehozása kétségtelenül bizonyítja, hogy mindannyian egy „nemzetközi bankkonglomerátum" részét

[205] Arról, hogy a Világbank és különösen az IMF – utóbbi strukturális kiigazítási programján keresztül – hogyan kizsákmányolta a fejlődő országokat külföldi hitelekkel, lásd P. T. Bauer, *Equality, the Third World, and Economic Delusion*, Harvard University Press, Cambridge, Massachusetts, 1981, 304. o., valamint J. Perkins, *Les Confessions d'un Assassin Financier*, Alterre, 2005.

képezik.[206]

Az Egyesült Államok Szövetségi Tartalékbankja

1820 és 1910 között, bár az amerikai polgárháború (1861–1866) idején átmeneti áremelkedés volt tapasztalható, a dollár megőrizte vásárlóerejét, vagyis 90 évvel később egy dollár még mindig egy dollárt ért. Mindössze hat évre volt azonban szükség ahhoz, hogy a Federal Reserve tönkretegye a dollár értékét. 1914 és 1920 között az árak 125%-kal emelkedtek, ami 56,1%-kal csökkentette a dollár értékét.

Mielőtt a Nagy Világválságra fordítanánk figyelmünket, röviden át kell tekintenünk az első jelentős defláció okait. Az árak ellenőrzése érdekében 1920. május 18-án titkos banki találkozóra került sor Washington D.C.-ben, az Amerikai Bankárok Szövetségének Módszeres Deflációs Bizottsága cím alatt.[207] A Federal Reserve utasítására, előzetes bejelentés és figyelmeztetés nélkül, a diszkontráta gyorsan 2%-ról 9%-ra, majd még magasabbra emelkedett. Ezzel párhuzamosan a Federal Reserve agresszíven kezdett el kincstárjegyeket eladni, ami 20%-kal csökkentette azok értékét. A kincstárjegyek árának zuhanása csökkentette a bankok tartalékainak értékét, amelyek kénytelenek voltak követelni a kölcsönök visszafizetését. Ez „minden mezőgazdasági termék szörnyű kiárusítását" váltotta ki[208], és „a mezőgazdasági árak zuhanásba kezdtek, elérve legalacsonyabb szintjüket, ami a gazdák tönkremenetelét okozta".[209]

Ugyanakkor a legnagyobb monopóliumokkal rendelkező fuvarozó vállalatok, mint például a Harrimans, olyan mértékben emelték a közúti szállítási díjaikat, hogy egyes államokban a szállítási költségek meghaladták a termelési költségeket. A gazdaságok termelési indexe több mint felére

[206] A. N. Field, op. cit., 5. o.

[207] G. M. Coogan, *Money Creators, Who Creates Money? Who Should Create it?* Omni Publications, Hawthorne, Kalifornia, 1963, (először 1935-ben jelent meg), 62. o.

[208] Uo., 62. o.

[209] Uo., 62. o.

zuhant, 244-ről 117-re, egy évvel később, 1920 májusában. Sok gazda tönkrement, mert általános költségeik változatlanok maradtak, de pénzügyi terheik az egekbe szöktek.

A Federal Reserve korlátlan hatalma lehetővé tette számára, hogy 2 milliárd dollárral csökkentse az Egyesült Államok pénzmennyiségét és hitelkeretét, ami azt eredményezte, hogy „az árak felére csökkentek, és nyomorúság és zavar uralkodott el". "[210] Ezt a politikát szándékosan alkalmazták[211] annak érdekében, hogy elszegényítsék a mezőgazdasági szektort[212] azáltal, hogy a vidéki térségekből származó pénzt a városi központokba irányították, miközben egyúttal csökkentették Amerika élelmiszer-önellátását, így sebezhetővé téve az országot a csalók és a pénzügyi spekulánsok intrikáinak és szeszélyeinek.[213]

1921 júliusában a Federal Reserve megfordította ezt a politikát, és kincstárjegyek tömeges felvásárlásába kezdett. Az agrárbankok által elszenvedett károkat azonban nem lehetett helyrehozni, és a mezőgazdasági termékek továbbra is mesterséges depresszió alatt maradtak, némelyiket még a termelési költségnél alacsonyabb áron is eladták.

1927 augusztusában a Federal Reserve-t birtokló és irányító összeesküvők úgy döntöttek, hogy ideje létrehozni egy új „buborékot". Annak ellenére, hogy a 12 szövetségi bank közül 11 tiltakozott, mivel felismerte a veszélyeket, parancsot kaptak, hogy csökkentsék a rediszkonto kamatlábakat, és kezdjenek bele a kincstárjegyek tömeges felvásárlásába (a mai mennyiségi lazítás [ ] modern megfelelője) a pénzmennyiség növelése érdekében.[214]

---

210 A. N. Field, *The Truth About The Slump,* saját kiadás, Nelson, Új-Zéland.
211 Uo., 200. o.
212 Az amerikai mezőgazdasági szektor szándékos összeomlása összehasonlítható az 1930-as években Ukrajnában (a határt jelölő orosz szó) Sztálin által végrehajtott mezőgazdasági termelés megsemmisítésével és az azt követő Holodomorral (az éhínség általi kiirtást jelölő orosz kifejezés), amelynek során hatmillió kulák (orosz szó, jelentése: ököl) került kivégzésre vagy halt éhen.
213 A. N. Field, op. cit., 204. o.
214 G. M. Coogan, uo., 67. o.

[215]Ennek *a semmiből* teremtett pénznek csak nagyon kis része került termelő beruházásokba, a többit viszont a tőzsdékre pumpálták, ahol a P/E-arány hamarosan 20-ra, egyes esetekben pedig 50-re emelkedett. A médiák és a megvásárolt „közgazdászok" egy „új korszak" beköszöntét hirdették, amelyben állandó jólét uralkodik, és szándékosan szították a spekuláció lángjait, miközben a 73 millió felnőtt lakosságból 16 millió amerikai vásárolt és adott el részvényeket.

1929. március 9-én Paul Warburg, a szabadkőműves és a Federal Reserve Bank alapítója azt tanácsolta minden tagbanknak, valamint a kincstárminiszternek, a szintén szabadkőműves Andrew Mellonnak, hogy szálljanak ki a tőzsdepiacról, vagy végezzenek shortolást. Tájékoztatta őket, hogy ha azonnal cselekszenek, hatalmas nyereségre tehetnek szert, mivel a Dow Jones-index összeomlás előtt áll.

1929. október 24-én a Federal Reserve úgy döntött, hogy véget vet ennek a spekulációs őrületnek, és megkezdi nagyszabású csalását. A rediszkonto kamat hirtelen 6%-ra emelkedett. Mindenfelől több ezer megbízás érkezett a New York-i Értéktőzsdére, hogy „piaci áron" adjanak el, ami egy tipikus trükk, amit a spekulánsok használnak az árak gyors összeomlasztására. A bizalom hirtelen elpárolgott, és elindult az első, előre megtervezett Nagy Világválság. A döntő pontot hat nappal később, 1929. október 30-án érték el, amikor a Federal Reserve elrendelte a brókereknek nyújtott 2,3 millió dollár összegű hitelek visszavonását. A tőzsde összeomlott, és 1932 decemberére a jegyzett értékpapírok értéke 83,1%-kal zuhant, 89 milliárd dollárról 15 milliárd dollárra.

[216]Ennek a összeomlásnak a gazdasági és társadalmi következményei pusztítóak voltak. A 24 000 bankból 10 000 ment csődbe, tönkretéve betéteseit. 200 000 vállalat jelentett csődöt, és 8,3 millió ember került utcá. A következő három évben a munkaképes lakosság 24,9%-a volt munkanélküli. Az Egyesült Államok nemzeti jövedelme 40,7%-kal csökkent,

[215] Az arányt úgy számolják ki, hogy a részvények árát elosztják az egy részvényre jutó hozammal.

[216] A Nemzetek Szövetsége, World Economic Survey: Eighth Year, 1938/1939 (Genf, 1939) 128. o.

1927-es 81 milliárd dollárról 1932-re 48 milliárd dollárra. A válság évei alatt becslések szerint hárommillió ember halt éhen. A fő okok az alultápláltság, a fertőző betegségek és az öngyilkosság voltak.

A depressziót kiváltó New York-i tőzsdei összeomlásra utalva Louis T. McFadden kongresszusi képviselő pontosan kijelentette: „Ez egy gondosan előidézett esemény... A nemzetközi bankárok[217] kétségbeesett körülményeket akartak teremteni, hogy jobban érvényesülhessenek mindannyiunk legfőbb uralkodóiként."[218]

A. N. Field elítélte a központi bankok haszontalanságát és azokat a torz célokat, amelyekre azokat folyamatosan használták:

> „A központi bankok, mint a pénzügyi válságok megelőzésének eszközei, így bizonyították teljes kudarcukat az Egyesült Államokban. Ez a tény egyáltalán nem játszott a központi bankok létrehozása ellen az összes országban. Azt állították, hogy az Egyesült Államok Federal Reserve-jét irányító pénzemberek nem akarnak stabil körülményeket, és hogy a létrehozása óta egymást követő példátlan buborékok és recessziók szándékosan lettek előidézve. Legalábbis az biztos, hogy a rendszert irányítók a leghatározottabb ellenállást tanúsították mindazokkal szemben, akik megpróbálták elérni, hogy a Kongresszus olyan törvényeket fogadjon el, amelyek arra kényszerítik a Federal Reserve-t, hogy hatalmas erejét felhasználva stabil szinten tartsa a nemzet pénznemének vásárlóerejét."[219]

[220]A *Financial Times* 1930-ban megjelent cikkében Karl Gustav Cassel, a stockholmi egyetem professzora

[217] Az 1920-as és 1930-as években az „nemzetközi bankárok" kifejezés a zsidó bankárok megnevezésére használt általános kifejezés volt. Egy másik eufemizmus a „kosmopolita pénzemberek" kifejezés volt.

[218] A. N. Field, op. cit., 202. o.

[219] A. N. Field, *All These Things*, Omni Publications, Hawthorne, Kalifornia, 1936, 121–122. o.

[220] Cassel professzor a *stockholmi Handelshögskolen* (Stockholmi Közgazdasági Főiskola) alapító tagja volt. Az iskola alapvetően ellenezte az osztrák közgazdasági iskola által támogatott aranystandardot.

megjegyezte: „A világ jólétére gyakorolt abszolút hatalom gyakorlatilag a Federal Reserve igazgatótanácsának kezébe került. És csak megdöbbenéssel lehet nézni, milyen látszólag véletlenszerű módon élnek ezek az igazgatók ezzel a hatalommal, és mennyire ellentétes ez azokkal a követelményekkel, amelyeknek az amerikai monetáris politikát irányítaniuk kellene."[221]

Álljunk meg egy pillanatra, hogy idézzük azt a viharos beszédet, amelyet 1932. június 10-én, pénteken a Képviselőházban mondott a Bank- és Pénzügyi Bizottság volt elnöke (1920–1931), a tiszteletreméltó Louis T. McFadden:[222]

> „Elnök úr, ebben az országban van az egyik legkorruptabb intézmény, amelyet a világ valaha ismert. A Federal Reserve igazgatótanácsára és a Federal Reserve bankokra gondolok.
>
> Ez az igazgatótanács, amely a kormány egyik szerve, olyan összeggel csapta be az Egyesült Államok kormányát és az amerikai népet, amely elegendő lenne az államadósság visszafizetésére. A Federal Reserve igazgatótanácsának és a Federal Reserve bankoknak – amelyek összefogva jártak el – pusztításai és igazságtalanságai annyi pénzbe kerültek ennek az országnak, hogy az többszörösen fedezné az államadósságot. Ez a gonosz intézmény elszegényítette és tönkretette az Egyesült Államok népét; csődbe vitte önmagát, és gyakorlatilag csődbe vitte kormányunk -ját is. Ezt a törvény hiányosságainak kihasználásával, a törvény igazgatótanács általi helytelen alkalmazásával, valamint az azt irányító gazdag keselyűk korrupt gyakorlataival érte el.
>
> Sokan azt hiszik, hogy a Federal Reserve Bankok az Egyesült Államok kormányának intézményei. Ez azonban nem így van. Ezek magán hitelmonopóliumok,

---

221 A. N. Field, *The Truth About The Slump*, 118. o.

222 *„Collective Speeches of Congressman Louis T. McFadden"*, Omnia Publications, Hawthorne, Kalifornia, 1970, XVI. fejezet, A Federal Reserve és a Federal Reserve Bankok áruló és hűtlen magatartása, 298–329. o.

amelyek saját hasznukra és külföldi ügyfeleik – a spekulánsok és a csalók, valamint a gazdag, ragadozó pénzügyi hitelezők – javára kizsákmányolják az Egyesült Államok népét. Ez a sötét pénzügyi kalózklán olyan embereket rejt magában, akik egy ember torkát is elvágnák, hogy kirabolhassák; ők azok, akik elárasztják az államokat pénzzel, hogy megvásárolják a szavazatokat és ellenőrizzék a törvényhozásunkat; és ők azok, akik nemzetközi propagandát folytatnak, hogy megtévesztsenek minket és rákényszerítsenek további engedményekre, amelyek lehetővé teszik számukra, hogy fedezzék múltbeli gaztetteiket és tovább működtessék hatalmas bűnszervezetüket.

Ezt a 12 hitelmonopóliumot tisztességtelenül és megtévesztő módon kényszerítették rá az országra az Európából érkezett bankárok, akik úgy hálálták meg vendégszeretetünket, hogy szabotálták amerikai intézményeinket. Ezek a bankárok az ország pénzét használták fel Japán finanszírozására az Oroszország elleni háborúban. A mi pénzünkkel terroruralmat teremtettek Oroszországban, hogy elhúzzák a háborút; ők voltak a német–orosz különbéke megalkotói, ami viszályt szított a szövetségesek között az első világháború alatt. Ők finanszírozták Trockij tömeggyűléseit New Yorkban, hogy elterjesszék az elégedetlenséget és a lázadást. Ők fizették Trockij utazását New Yorkból Oroszországba, hogy részt vehessen az Orosz Birodalom lerombolásában. Ők szították és provokálták az orosz forradalmat, és jelentős összegeket bocsátottak Trotski rendelkezésére svédországi bankfiókjuk egyikében, hogy rajta keresztül az orosz családokat teljesen szétrombolják, és az orosz gyermekeket elválasszák természetes gondviselőiktől. Azóta megkezdték az amerikai családok szétrombolásának és az amerikai gyermekek szétszórásának vállalkozását.

Kijelentették, hogy Wilson elnököt megtévesztette a bankárok által tanúsított figyelem és az általuk felvett jótékonysági álláspontok. Azt mondták, hogy amikor rájött, hogyan vezette félre House ezredes, szakított ezzel a beavatkozóval, a pénzügyi birodalom „szent szerzetesével", és kidobta az ajtón. Volt bátorsága ezt megtenni, és véleményem szerint ezzel nagy érdemet szerzett.

Wilson elnök megtévesztett áldozatként halt meg. Amikor elnökké vált, rendelkezett bizonyos szellemi és szívbeli tulajdonságokkal, amelyek lehetővé tették számára, hogy magas tisztségeket töltsön be ebben a nemzetben; de soha nem törekedett arra, hogy bankár legyen. Mindig azt mondta, hogy keveset tud a bankrendszerről. Így mások tanácsára szavazták meg az ő elnöksége alatt a Federal Reserve-törvényt, az amerikai szabadság halálos ítéletét.

Elnök úr, nem szabadna elfogultságnak lennie, amikor az ország banki és monetáris ügyeiről van szó, és én a legcsekélyebb elfogultság nélkül beszélek.

1912-ben a Nemzeti Monetáris Szövetség, a néhai Nelson W. Aldrich szenátor elnökletével, jelentést nyújtott be, előkészítve a Nemzeti Tartalék Törvény néven ismert törvényt. Ez a törvény inkább az Aldrich-törvény néven ismert. Aldrich szenátor nem ő írta az Aldrich-törvényt. Ő csupán eszköz volt, nem pedig bűntársa azoknak az európai [zsidó] bankároknak, akik már közel 20 éve tervezték egy központi bank létrehozását ebben az országban, és akik 1912-ben hatalmas összegeket költöttek és továbbra is költöttek céljuk elérése érdekében.

Az Aldrich-törvényt Theodore Roosevelt 1912-es kinevezését követően elutasították, és ugyanebben az évben, amikor Woodrow Wilson kinevezésre került, a Biltmore-i Kongresszuson elfogadott Demokrata Párt kifejezetten kijelentette: „Ellenezzük az Aldrich-féle központi banki tervet. " Mindez egyértelmű és világos nyilatkozat. A Demokrata Párt vezetői akkor megígérték a népnek, hogy ha hatalomra kerülnek, nem lesz központi bank, amíg ők tartják kezükben a kormányzás gyeplőit. Tizenhárom hónappal később ezt az ígéretet megszegték, és a Wilson-kormány, a Colonel House mögött álló, sötét Wall Street-i alakok irányítása alatt, létrehozta szabad országunkban a „király bankja" nevű korrupt monarchikus intézményt, hogy a bölcsőtől a sírig ellenőrizzék és leigázzanak minket. A Federal Reserve-törvény tönkretette ősi üzletvitelünket; diszkriminálja a névre szóló váltóinkat ([223]), amelyek a világ legfejlettebb modelljét képviselik; visszaállította az ősi kettős pénznemet ([224]), amely e ország jelenlegi átkát jelenti, és amely tönkretette mindazokat az országokat, amelyek alkalmazták; ráerőltette ezen országra azt a zsarnokságot, amelytől az Alkotmány atyái meg akartak óvni minket.

A köztársaság megőrzéséért vívott egyik legnagyobb csata éppen itt zajlott le Jackson idején, amikor a Második Egyesült Államok Bankját, amelyet ugyanazok a hamis elvek alapján alapítottak, mint amiket a Federal Reserve-törvény példáz, ártalmatlanná tettek. A Második Amerikai Bank 1837-es bukása után az ország figyelmeztetést kapott azokról a veszélyekről, amelyekkel jár, ha a ragadozó szándékokkal rendelkező érdekcsoportokat – miután elutasítottuk őket – álruhában visszatérni hagyjuk, lehetővé téve számukra, hogy kapcsolatba lépjenek a végrehajtó hatalommal, és azon keresztül megszerezzék az irányítást a kormány felett. Mégis éppen ezt a „ " trükköt alkalmazták ezek az érdekek, amikor álszent szándékok leple alatt tértek vissza, és hamis ürügyekkel elérte, hogy a Federal Reserve Act-et megszavazzák.

Az a veszély, amelyről az országot figyelmeztették, most ránk nehezedik, és a Federal Reserve igazgatótanácsának és társult bankjainak áruló és tisztességtelen ügyleteit kísérő hosszú sorozatú borzalmakat hozza elénk. Nézzenek körül, amikor elhagyják ezt a termet, és

---

[223] Egy kereskedelmi szerződés vagy váltó, amelyen csak egy aláírás szerepel.
[224] Két személy által aláírt kereskedelmi szerződés, amely igazolja teljes felelősségvállalásukat.

mindenhol meglátják a bizonyítékokat. Ez a gazdasági nyomorúság korszaka teljes mértékben a Federal Reserve-nek tulajdonítható. Ez a pénzügyi bűncselekmények korszaka, és ezeknek a bűncselekményeknek a finanszírozásában a Federal Reserve nem játszik semleges szemlélő szerepet.

Az Egyesült Államok népét súlyosan megtévesztik. Ha nem, akkor nem tudom, mit jelent az, hogy „megtéveszteni az embereket". Elvesztették az állásukat. Elvették tőlük a házaikat. Kilakoltatták őket a bérleményeikből. Elvesztették a gyermekeiket. A halálra ítélték őket, mert nem volt menedékük, ételük, ruhájuk és gyógyszerük.

Az Egyesült Államok gazdagságát és termelékenységét elkobozták tőle, és mindez vagy bizonyos bankok és nagyvállalatok széfjeiben pihen, vagy külföldre exportálták ezeknek a külföldi ügyfeleknek, bankoknak és vállalatoknak a haszna érdekében. Ami az amerikai népet illeti, a pohár megtelt. Igaz, hogy a raktárak és a szénraktárak, valamint a gabonasilók tele vannak, de a raktárak és a silók lezárva vannak, és a nagy bankok, valamint a vállalatok tartják a kulcsokat.

Az Egyesült Államok kifosztása a Federal Reserve és cinkosai által a történelem legnagyobb bűncselekménye.

Elnök úr, a Képviselőház ma súlyos helyzet előtt áll. Mi, a nép képviselői vagyunk, és a nép jogait éppen elvonják tőle. A Federal Reserve és a hozzá tartozó bankok révén a népet megfosztják az Alkotmány által garantált jogaitól. Vagyonukat jogi eljárás nélkül elkobozták. Elnök úr, a tisztesség megköveteli, hogy vizsgáljuk meg a kormány számláit, hogy feltárjuk azokat a közjó ellen elkövetett bűncselekményeket, amelyek már megtörténtek vagy éppen most történnek.

Vissza kell térnünk az Egyesült Államok Alkotmányához. Teljesen el kell választanunk a bankokat az államtól. Újra fel kell venni a harcot, amely

> Jackson idején itt zajlott. Vissza kell állítani az Egyesült Államok Kincstárának függetlenségét, és a kormánynak a saját pénzét zár alatt kell tartania abban az épületben, amelyet a nép erre a célra biztosított. Meg kell szabadulnunk a papírpénztől, a csalók eszközétől.
>
> A kormánynak aranyat kellene vásárolnia, és kizárólag a birtokában lévő tartalékok alapján kellene pénzt kibocsátania. Az üzleti ügyek irányítását vissza kellene adni a független bankároknak. Az állami bankrendszernek minden akadálytól mentesnek kellene lennie. A Federal Reserve körzeteit meg kellene szüntetni, és tiszteletben kellene tartani az államok határait. A banki tartalékokat abban az államban kell tartani, amelynek polgárai a hitelezők, és ezt a nép tartalékpénzét védeni kell, hogy a nemzetközi bankárok ne tehessenek rá szert. Minden kereskedelmet fel kell függeszteni, amíg rendbe hozzuk pénzügyeinket. A Federal Reserve-törvényt és a chartájukat megszegő Federal Reserve-bankokat azonnal felszámolni kell.
>
> Azokat a hűtlen kormánytisztviselőket, akik megszegték esküjüket, el kell távolítani tisztségükből és bíróság elé kell állítani. Ha ez nem történik meg, megjósolom, hogy az amerikai nép, amelyet felháborítottak, kiraboltak, kifosztottak, megsértettek és elárultak a saját földjén, felkel, és haragjában ide küldi egy elnököt, aki kiűzi a kereskedőket a templomból." [Taps]

A fenti beszédből kitűnik, hogy a Dél-afrikai Munkáspárt által a dél-afrikai bank- és monetáris törvényről folytatott vita során felvetett aggályok, miszerint a törvényt „az USA-ban fogalmazták meg, és nem a nép, hanem a bankok érdekeit szolgálta",[225] így teljes mértékben indokoltak voltak. Az a tény, hogy naiv és tudatlan törvényhozók 1920-ban engedélyezték a Dél-afrikai Központi Bank létrehozását az amerikai Federal Reserve mintájára, amelyet McFadden kongresszusi képviselő „a világ egyik legkorruptabb és legrosszabb intézményének", mélyen sajnálatos tény, és

[225] *Cape Times*, 1920. július 28.

egyértelműen elítélendő.

Louis Thomas McFadden kongresszusi képviselő az Egyesült Államok Bank- és Pénzügyi Bizottságának elnöke volt (1920–1931). A Federal Reserve hatalmas „bűnszervezetéről" szóló kitartó leleplezései 1936. október 1-jén meggyilkolásához vezettek.

CLIFFORD HUGH DOUGLAS

Clifford Hugh Douglas (1879–1952) mérnök volt, aki az első világháború alatt az angliai Farnborough-ban található Royal Aircraft Factory-nál helyettes üzemvezetőként dolgozva észrevette, hogy az áruk teljes költsége magasabb volt, mint a bérek és osztalékok formájában kifizetett összegek. Úgy döntött, hogy kivizsgálja ezt az egyensúlytalanságot az iparban a pénz áramlásában, és miután több száz vállalattól gyűjtött adatokat, megállapította, hogy a teljes termelési költségekhez viszonyítva állandó hiány van a fogyasztók vásárlóerejében. A jövedelemadót negatív osztaléknak tekintette, és helyette egy nemzeti osztalék kifizetését javasolta minden polgár számára, amely kitöltené a jövedelmek és az árak közötti rést. Ez az osztalék biztosítaná a fogyasztók számára azt a további vásárlóerőt, amely szükséges a jelenlegi árucikk-termelés inflációt nem okozó felszívásához. Ez része Douglas A+B tételének, miszerint az árak mindig gyorsabban emelkednek, mint ahogy a jövedelmek keletkeznek, így a gazdaságban bármely szakaszban forgalomban lévő összes áru árainak összege meghaladja a fogyasztók teljes vásárlóerejét. Douglas gazdasági elmélete, amely Social Credit néven ismert[226], a magánbankok pénzteremtési folyamatának egy állami bankra történő átruházását támogatta; megvonva ezektől a bankoktól azt a kiváltságot, hogy a semmiből pénzt teremtsenek kamatozó adósság formájában.

Emellett egy „Juste Prix" (igazságos ár) nevű kiigazító mechanizmust is javasolt. Ez a mechanizmus lehetővé tenné az árak százalékos csökkentését, összhangban a technológiai fejlesztéseknek köszönhető termelési folyamat hatékonyságának növekedésével. Így a technológia előnyei közvetlenül a munkavállalókra hatnának, és javítanák életkörülményeiket. Douglas tisztában volt azzal, hogy a

[226] 1935. április 5-én H. S. (Jim) Ede-nek írt levelében Laurence d'Arabie kifejtette véleményét Douglas hitelrendszeréről Maurice Colbourne *Economic Nationalism* című művében: „A gazdaság hasonló az árapályhoz. Nem tudjuk kihasználni, mégis árad és apad. A teendő az lenne, hogy feltérképezzük, de senki sem képes megkülönböztetni a holdját." *The Letters of T. E. Lawrence*, szerkesztette D. Garnett, Jonathan Cape, London, 1938, 866. o.

technológiai fejlődés miatt a teljes foglalkoztatottság célja elérhetetlenné válik.

Ezért ragaszkodott a nemzeti osztalék kifizetéséhez, amelyet úgy számították ki, hogy a minimáljövedelemhez hozzáadták a nemzeti termelés növekedésének és a fogyasztási adatoknak megfelelő részt.

Az első világháború után Douglas élete hátralévő részét ötleteinek népszerűsítésének szentelte, és számos országban tartott előadásokat, többek között Ausztráliában, Kanadában, Japánban, Új-Zélandon és Norvégiában. Két jelentős sikert ért el:

(i) A Szociális Hitel Párt 1935-ben megszerezte az irányítást a kanadai Alberta tartományi kormány felett.

(ii) 1929-es japán előadókörútját követően megoldásait 1935-ben a japán kormány is átvette.

Douglas javaslatait a nemzetközi bankárok rendkívül féltek, és az 1930-as években 5 millió fontot szántak[227] arra, hogy ellensúlyozzák a tömegek felvilágosítására irányuló, nagyrészt sikeres programját. Douglas csak megvetést érzett a központi bankárok iránt, és egy alkalommal, amikor 1937-ben Newcastle-upon-Tyne-ban tartott beszédet, az Angol Nemzeti Bankot „elmeintézetnek" nevezte.[228]

[227] Az Angol Nemzeti Bank inflációs kalkulátora szerint 5 millió font 2012-ben 301 millió fontnak felelt meg.

[228] C. H. Douglas, *Security Institutional and Personal*, beszéd a Newcastle-upon-Tyne-i Városházán, 1937. március 9., 6. o. Ezra Pound, aki 1943. június 1-jén a Radio Rome-on beszélt, az Angol Nemzeti Bankot „*Anglia csatornájának*" nevezte.

A Szociális Hitel Párt által kiadott **jóléti tanúsítvány**, Alberta, 1936

Clifford Hugh Douglas. A szociális hitelről és az állami bankrendszerről szóló javaslatait elfogadta az albertai kormány Kanadában és a Japán Birodalom kormánya.

IRVING NORTON FISHER

Irving Fisher (1867–1947) a Yale Egyetem híres közgazdászprofesszora volt, aki matematikai megközelítést alkalmazott a gazdasági problémák megoldására. Hasznossági elméletéről ismert, amely a hasznossági függvény mérhetőségét a keresleti elmélet mellé állítja. *A The Theory of Interest* (*A kamatelmélet*) című értekezésében megfigyelte az áruk relatív értékének változását az időben változó kamatlábak függvényében. Ez lett a pénz mennyiségi elmélete. Egész életében aktív résztvevője volt az eugenetikai mozgalomnak.

1913 márciusában Robert L. Owen szenátor, a Szenátus Bankbizottságának elnöke megpróbált egy alternatív törvényt elfogadtatni, hogy ellensúlyozza a csaló Rothschild–Rockefeller páros banki és monetáris javaslatait.[229] A törvény lehetővé tette volna az alapvető szükségleti cikkek bevonását a monetáris bázisba az arany és az ezüst mellett, és így elkerülte volna az infláció és a defláció lehetőségét, valódi szabadságot teremtve a munkaerőpiacon. Irving Fisher segítette Owent a törvényjavaslat megfogalmazásában, de később zsarolásnak vetették alá, hogy vonja vissza támogatását.

Ez a sokatmondó bekezdés Emmanuel Josephson *The Federal Reserve Conspiracy & Rockefellers „Their Gold Corner"* című művéből származik, és tökéletesen leírja, mi következett ebből:

> „Az összeesküvők elszántan akarták megakadályozni az Owen-törvény beterjesztését. Fisher professzort a Yale vezetői elé idézték, és szembesítették azzal, hogy „értelmetlennek" nevezték azt az érvelését, miszerint a pénznemet az aranyon kívüli, azzal egyenértékű nyersanyag- -on kell alapulnia és azt kell biztosítania. Owen szenátor elmeséli, hogy Fishert figyelmeztették,

[229] A Rockefeller család német bevándorlók leszármazottai, valószínűleg zsidók, akik a középkorban Roggenfeldernek írták a nevüket; mivel a zsidókat nem tekintették polgároknak, a német fejedelmek arra kényszerítették őket, hogy családnevükhöz egy élettelen tárgy utótagját illesszék. Innen származnak a –berg (hegy), –stein (kő) stb. végződések.

hogy egy ilyen „értelmetlen” embernek többé nem lesz helye sem a Yale-en, sem más egyetemen. Fisher professzor teljes mértékben tisztában volt azzal, ki tartja el, és sajnos ugyanolyan elvtelen volt, mint a összeesküvők és alapítványaik által megvásárolt „professzorok” tömege. Engedett a zsarolásuknak, és elárulta Owen szenátort azzal, hogy visszavonta professzori támogatását attól a törvénytől, amely egy becsületes megoldás formájában született, és amelynek megfogalmazásában ő is segédkezett. Helyette Fisher professzor a „nyersanyag”-nak gúnyosan nevezett dollár mellett állt ki, amelynek értékét egy „aranyindex” alapján kellett volna meghatározni, ami a gazdaság stabilizálódását eredményezte volna azáltal, hogy az arany és a dollár nyersanyagértékét spekulatív alapot, ami tízszeresére növelte volna a összeesküvők hatalmát a gazdaság manipulálására, vagy „irányítására”, hogy könnyebben megcsalhassák a nemzetet. A *végső csapást*[230] Owen szenátor monetáris törvényjavaslatára Wilson elnök mérte, amikor azt kategorikusan elutasította.”[231]

[230] Fordító megjegyzése: a szövegben franciául.

[231] E. M. Josephson, *The „Federal” Reserve Conspiracy & Rockefellers, Their „Gold Corner”*, Chedney Press, New York, 1968, 51. o.

Irving Fisher professzor 1933-as Chicago-i tervét, amely teljes tartalékú bankrendszert javasolt, a Nemzetközi Valutaalap kutatói 2012-ben jóváhagyták.

1920-ban, miután feladta és elárulta Owen szenátor bank- és monetáris törvényreformra irányuló erőfeszítéseit, Fisher kiadott egy *Dollar Stabilisation* ([232]) című művet, amely tartalmazta azt, ami később a Chicago-i Terv lett.[233] A tervet magánkiadásban, hatoldalas memorandum formájában tették közzé, és 1933. március 16-án 40 személynek osztották szét. A terv azt állította, hogy az államnak kell átvállalnia a pénzmennyiség létrehozását, és a magánbankoknak teljes jogú tartalékbankként kell működniük. Matematikai elvek alkalmazásával Fishernek sikerült bebizonyítania, hogy ez

[232] A. N. Field, op. cit., 169. o.

[233] Fisher tisztában volt az adósság és kamat nélküli, nyilvánosan kibocsátott pénznem előnyeivel a helyi szinten Európában. *A Stamp Scrip* című művében (Adelphi Publishers, New York, 1933) a IV. fejezetet az első külföldi kísérletnek szentelte: Silvio Gesellnek. Gesell bevezette a Wara (*Ware und Währung* – Áruk és Valuta) papírpénzt a válságba került bajor szénbányászvárosban, Schwanenkirchenben. Az V. fejezetben: A „tanúsítványok" hirtelen elterjedése leírja, hogyan alakították a tanúsítványok az osztrák Wörgl válságba került városát virágzó jólét központjává.

teljes foglalkoztatottságot eredményezne, a gazdasági ciklusok is megszűnnének, az infláció pedig csökkenne és nulla szinten maradna.

2012 augusztusában a Nemzetközi Valutaalap két kutatója, Jaromir Benes és Michael Kumhoff bemutatta *a The Chicago Plan Revisited / A Chicago-terv újragondolva* című tanulmányt. Megállapították, hogy Fisher minden érve 100%-ban helytálló volt. Íme a következtetésük:

> „Ez a tanulmány újraértelmezi a Chicago-tervet, egy alapvető monetáris reformra irányuló javaslatot, amelyet számos neves amerikai közgazdász támogatott a Nagy Világválság legkritikusabb pillanataiban. Fisher (1936) a Chicago-terv briliáns összefoglalásában azt állította, hogy a tervnek négy fő előnye van, a nagyobb makrogazdasági stabilitástól a gazdaság egészére kiterjedő, jóval alacsonyabb adósságszintig. Ebben a tanulmányban sikerült alaposan értékelnünk az érveit, a Chicago-terv irányelveit egy korszerű DSGE-típusú monetáris modellre ([234]) alkalmazva, amely miniatűrben tartalmazza a jelenlegi amerikai pénzügyi rendszer tökéletesen kalibrált és mikroszintű finanszírozású modelljét. A modell legfontosabb jellemzője, hogy a gazdaságban keringő pénzmennyiséget a bankok teremtik meg adósság révén, nem pedig a kormány adósság nélkül.
>
> Elemzéseink és szimulációs eredményeink teljes mértékben alátámasztják Fisher (1936) állításait. A Chicago-i Terv jelentősen csökkenthetné a gazdasági ciklusok volatilitását, amelyet a bankok hitelkockázattal szembeni gyors változása okoz, kiküszöbölné a bankrohamok valószínűségét, és az állami és magánadósság szintjének azonnali csökkenéséhez vezetne. Ezt a jelentős csökkentést úgy érné el, hogy visszaadná az államnak a kibocsátási jogot, amely méltányosan a közjót képviseli ahelyett, hogy az adósság

[234] Dynamic Stochastic General Equilibrium (A dinamikus sztochasztikus általános egyensúly).

lenne az, mivel ez utóbbi vált a gazdaság fő eszközévé, miközben a bankok erőfeszítéseiket a hitelek kiterjesztésére összpontosítják olyan beruházási projektekre, amelyek felügyeletet és kockázati szakértelmet igényelnek. Úgy véljük, hogy a Chicago-i Terv előnyei még Fisher által képviselt álláspontokon is túlmutatnak.

Az egyik számos további előny a termelékenység növekedése, amelyet a torzító tényezők – nevezetesen a kockázati prémiumok kamatai, a konfiskáló jellegű adók, valamint a makrogazdasági kockázatok költséges és felesleges felügyelete – megszüntetése vagy csökkentése eredményez. Egy másik előny abból fakad, hogy az inflációt közel nulla szinten lehet tartani olyan környezetben, ahol nincs likviditási blokád, és ahol a monetarizmus megvalósíthatóvá és kívánatossá válik, mert a kormány teljes mértékben ellenőrzi a monetáris aggregátumokat. Ez a képesség az infláció nulla szintjének előidézésére és fenntartására kiemelkedő jelentőségű eredmény, mert választ ad a kormányzati pénzkiadás kizárólagos monopóliumának ellenzői által hangoztatott, meglehetősen zavaros állításokra, miszerint egy ilyen rendszer rendkívül inflációs lenne. Elméleti elemzésünkben semmi sem támasztja alá ezt az érvet. És amint azt a II. szakaszban említettük, a nyugati nemzetek ókori társadalmait jellemző monetáris történelem egészében sem található semmi, ami ezt alátámasztaná."[235]

---

235 IMF-tanulmányok, 2012. augusztus. https://www.imf.org/external/pubs/ft/wp/2012/wp12202.pdf

VI. FEJEZET

AZ ÁLLAMI BANKRENDSZER FELEMELKEDÉSE ÉS BUKÁSA (1932–1945)

„Mint tudják, az aranyalapú rendszer tönkretette azokat az államokat, amelyek bevezették, mivel soha nem volt képes kielégíteni monetáris igényeiket, tekintve, hogy az aranyat a lehető legnagyobb mértékben kivontuk a forgalomból."

– 20. jegyzőkönyv[236]

„Aztán azt állítottam, hogy az aranystandard, az árfolyamok rögzítése és így tovább nem más, mint értelmetlen hablaty, amit soha nem tekintettem és soha nem is fogok tekinteni megváltoztathatatlan gazdasági elveknek. Számomra a pénz csupán a végzett munka ellenértékének cseréje volt, és értéke teljes mértékben a végzett munka értékétől függött. Ahol a pénz nem egy elvégzett szolgáltatást képviselt, ott ragaszkodtam ahhoz, hogy egyáltalán nincs értéke."

- Adolf Hitler[237]

A REICHSBANK: A NEMZETISZOCIALISTA NÉMETORSZÁG ÁLLAMI BANKJA

Az 1930-as évek világméretű káoszából és gazdasági pusztításából, amelyet mind a Rothschildok által irányított központi bankok okoztak, három főnix emelkedett ki.

1919 májusában egy közkatona részt vett egy előadáson, amelyet egy korábban építőmérnök, később közgazdászként tevékenykedő Dr. Gottfried Feder (1883–1941) tartott, címe: „

[236] *A zsidó bölcsek jegyzőkönyvei*, oroszról fordította Victor E. Marsden, a *The Morning Post* korábbi oroszországi tudósítója, London, 1934, 214. o. (Victor Marsden volt Őkirályi Felsége, a walesi herceg közkapcsolati tanácsadója 1920-as birodalmi körútja során.)

[237] *Hitler's Table Talk*, összeállította M. Bormann, Ostera Publications, 2012, 311. o.

" („Manifesztum a uzsora láncainak megtöréséről")[238]

Ezen előadássorozat célja az volt, hogy a katonáknak olyan alapvető politikai és gazdasági ismereteket nyújtson, amelyek segítségével figyelemmel kísérhetik a Münchenben abban az időben aktív számos forradalmi politikai mozgalmat. *A Mein Kampf-ból* és a „[239] "-ból származó alábbi idézetek rávilágítanak arra a döntő hatásra, amelyet Feder gyakorolt Adolf Hitler eszméire.

> „Életemben először hallottam olyan beszédet, amely a tőzsdei elvekkel és a hitelezési tevékenységek során felhasznált tőkével foglalkozott. Miután meghallgattam Feder első előadását, azonnal az az érzésem támadt, hogy megtaláltam az új párt létrehozásának egyik legalapvetőbb előfeltételét.
>
> Számomra Feder érdeme abban rejlett, hogy éles és kíméletlen módon írta le a tőzsdei tőke és a hitelekkel kapcsolatos tranzakciók kettős jellegét, rámutatva arra, hogy ez a tőke mindmáig a kamatfizetéstől függ. Az alapvető kérdésekben kijelentései annyira tele voltak józan ésszel, hogy kritikusai soha nem tagadták[240], hogy ötletei értelmesek lennének, de kételkedtek abban, hogy azok megvalósíthatók-e. Számomra ez tűnt Feder tanításainak legmeggyőzőbb elemének, bár mások ezt gyengeségnek tekintették."[241]

És még:

> „Azonnal megértettem, hogy ezek a tanácsok a német nép jövője szempontjából transzcendentális jelentőségű igazságot rejtenek magukban. A tőzsdei tőke és a nemzet gazdasági életének teljes elválasztása lehetővé tenné,

---

[238] 1917-ben Feder létrehozta a *Deutscher Kampfbund gegen Zinsknechtschaft* (Német Harci Szövetség a kamatrabszolgaság felszámolásáért) nevű szervezetet. 1919-ben kiadta manifesztumát, amelynek egyik fejezete *az An Alle, Alle! Das Manifest zur Brechung der Zinsknechtschaft* (Mindenkinek, mindenkinek! A kamatrabszolgaság felszámolására irányuló kiáltvány) című fejezetben, *a Kampf gegen die Hochfinanz* (Harc a nagypénzügy ellen) című könyvében.

[239] A. Hitler, *Mein Kampf*, 1939, 122. o.

[240] Fordító megjegyzése: franciául a szövegben.

[241] Uo., 124. o.

hogy szembeszálljunk a német kereskedelem internacionalizálódásának folyamatával anélkül, hogy a tőkét mint olyat támadnánk, mert az csak a nemzeti függetlenségünk alapjait veszélyeztette volna. Világosan megkülönböztettem, mi zajlik Németországban, és rájöttem, hogy a harcot, amelyet vívnunk kell, nem ellenséges nemzetek ellen kell vívnunk, hanem a nemzetközi tőke ellen. Feder beszédében a ránk váró küzdelem harci jelszavát találtam meg."[242]

Gottfried Feder (1883–1941), aki a NSDAP teljes pénzügyi politikáját kidolgozta. Később Hitler kegyvesztettje lett, mert nem támogatta Hitler tervét, amely szerint a szén helyett szintetikus üzemanyagot akartak használni.

[242] Uo., 124. o.

Néhány héttel később Hitler katonai feletteseitől utasítást kapott, hogy vizsgálja ki a *Deutsche Arbeiterpartei* (Német Munkáspárt) nevű politikai szervezetet. Ezen a nyilvános gyűlésen, amelyre 1919. szeptember 19-én került sor a müncheni Sterneckerbrau Innben, körülbelül 20–25 ember volt jelen. A fő előadó Gottfried Feder volt. Nem sokkal később Hitler csatlakozott a párthoz, és a 7-es számú ideiglenes tagsági igazolványt kapta meg. A párt irányításának átvétele után az első lépése az volt, hogy átnevezte a pártot *Nationalsozialistische Deutsche Arbeiterpartei-ra* (Német Munkáspárt).

Feder, aki a párt 25 alapelveinek fő szerzője volt, a programjának megalkotója és elméleti alapozója lett. 1933 júliusában kinevezték gazdasági ügyekért felelős államtitkár-helyettessé, 1934-ben pedig *Reichskommissárrá* (Birodalmi Biztos).

A német **hiperinfláció** – Munkások, akik 1923-ban szennyeskosarakban kapják meg fizetésüket.

[243]A monetáris reform a nemzetiszocializmus lényegét jelentette, amint azt a következő kivonatok is megmutatják a „ " *(A NSDAP programja, a Német Munkás Nemzeti Szocialista*

[243] G. Feder, *A NSDAP programja, A Német Munkás Nemzeti Szocialista Párt és általános elvei*, München, 1932, 51. o.

Párt és általános elvei) című, 1932-ben Münchenben kiadott műből.

Adolf Hitler két fő célkitűzését nagy betűkkel nyomtatta ki:

„A KÖZJÓ AZ EGYÉN ÉRDEKEI ELŐTT – A PROGRAM SZELLEME A KAMATOK RABSZOLGASÁGÁNAK ELTÖRLÉSE – A NEMZETISZOCIALIZMUS LELKE.

„Amint ez a két alapelv megvalósul, bebizonyítják majd egyetemes érvényük győztes jellegét, amely a társadalmat úgy rendezi át, hogy felszámolja az állam, a nemzet és a gazdaság közötti jelenlegi szétválasztottságot, amely a jelenleg uralkodó individualista elméletek romboló hatásának eredménye. Ma a csalás uralkodik. A dolgozó osztályokat elnyomják, a bankárok és spekulánsok csalárd nyereségét védik, lehetővé téve a felelőtlen magángazdagodást, minden politikai stabilitás rovására; minden nemes gondolat rovására a nép körében, és a legcsekélyebb felsőbbrendű erkölcsi kötelék és az összetartozás érzésének hiányában. A pénz hatalma, a legkegyetlenebb minden hatalom közül, abszolút ellenőrzést gyakorol, és romboló, korrupt hatást gyakorol az államra, a nemzetre, a társadalomra, az erkölcsre, a kulturális világra, valamint minden olyan erkölcsi kérdésre, amelyet nehezebb megítélni.[244]

„A uzsorás kamatok szolgaságának megtörése a harci jelszavunk.[245] Mit értünk a uzsora rabsága alatt? A földbirtokos e járom alatt van, akinek kölcsönökre kell folyamodnia mezőgazdasági üzemének finanszírozásához, olyan kölcsönökre, amelyek kamata olyan magas, hogy gyakorlatilag az egész munkája gyümölcsét elvonja tőle, vagy aki kénytelen adósságokat felhalmozni és a jelzálogokat láthatatlan pórázként magával cipelni. Ugyanez vonatkozik a munkásra is, aki a boltokban és a gyárakban csekély fizetésért dolgozik,

[244] Uo., 21. o.
[245] Uo., 25. o.

míg a részvényes osztalékot és bónuszokat kap, amelyekért nem kellett dolgoznia. Így van ez a középosztállyal is, amelynek munkájának eredménye szinte teljes egészében a banki folyószámlahitelek kamatainak kifizetésére szolgál.[246]

„A kamatok igája a tőke és a munka, a vér és a pénz, az alkotó munka és a kizsákmányolás közötti ellentétek valódi kifejeződése. Ennek az igának a megtörése olyan fontos nemzetünk és fajunk számára, hogy egyedül erre alapul a nemzet reménye, hogy kiszabaduljon a szégyenből és a rabszolgaságból; sőt, a remény, hogy visszanyerje a boldogságot, a jólétet és a civilizációt az egész világon. Ez az a tengely, amely körül minden forog; ez sokkal több, mint pusztán a pénzügyi politika szükségszerűsége. Noha elvei és következményei mélyen beágyazódnak a gazdasági és politikai életbe, ez minden gazdasági tanulmányozás szempontjából alapvető kérdés, és így minden egyes embert érint, ezért mindegyiküktől döntést követel: a nemzet szolgálatát vagy a korlátlan meggazdagodást. Ez a társadalmi kérdés megoldását jelenti.[247]

Pénzügyi elvünk: a pénzügyeknek az állam érdekeit kell szolgálniuk; a pénzügyi mágnások nem alkothatnak államot az államon belül. Ezért célunk a uzsora láncainak megtörése.

Meg kell szabadítanunk az államot, és ezzel az egész nemzetet a nagy pénzintézeteknél fennálló adósságaitól, amelyek kamatra kölcsönöznek.

A Reichsbank és a kamatos hitelt nyújtó kibocsátó bankok államosítása.

A nagy állami projektekhez (vízenergia, vasút stb.) szükséges pénz biztosítása nem kölcsönök útján, hanem kamatmentes kincstárjegyek kibocsátásával és készpénz

[246] Uo., 26. o.
[247] Uo., 27. o.

használata nélkül.

Stabil alapokon nyugvó, rögzített monetáris rendszer bevezetése.

Egy nemzeti üzleti bank létrehozása (monetáris reform) kamatmentes hitelek nyújtása céljából.

Az adórendszer alapvető átalakítása társadalmi-gazdasági elvek alapján. A fogyasztó megkönnyítése a közvetett adóterhek alól, a termelő pedig a tevékenységet megbénító és kisajátító adóztatás alól (adóreform és adómentesség).[248]

A bankjegyek felelőtlen nyomtatása, új hozzáadott érték teremtése nélkül, inflációt okoz. Ezt mindannyian elszenvedjük. De a helyes következtetés az, hogy az állam által kibocsátott kamatmentes kincstárjegyek nem okozhatnak inflációt, ha ezzel egyidejűleg új hozzáadott érték is keletkezik.

Az a tény, hogy manapság a nagyvállalatok hitelek nélkül nem tudnak talpra állni, puszta őrültség. Éppen itt hozhatja a legkedvezőbb eredményeket a pénzverés szuverén jogának ésszerű alkalmazása."[249]

1933. január 30-án a nemzetiszocialisták kerültek hatalomra[250] a *Regierung der Nationalen Konzentration* (Nemzeti Koncentrációs Kormány) és a *Deutschnationale Volkspartei* (Német Nemzeti Néppárt) közötti koalíció révén. A monetáris reform egy meglehetősen enyhített változatát hajtották végre. Az állami munkák és a felfegyverkezési programok finanszírozása érdekében két fiktív társaságot hoztak létre, *a Gesellschaft für Offentliche Arbeiten* (Offa) és *a Metallforschung Gesellschaft* (Mefo) nevűeket. Ezek a

[248] Uo., 30. o.

[249] Uo., 43. o.

[250] Az 1932. november 6-i választásokon a nemzetiszocialisták 11 737 398 szavazatot szereztek, ami 33,1%-os eredményt jelentett. Az 1933. március 5-i választásokon az NSDAP által kapott szavazatok száma 17 277 180-ra emelkedett, ami a népszavazatok 43,9%-át jelentette. Az 1933. november 12-i, népszavazás formájában lebonyolított választásokon az NSDAP 39 655 224 szavazatot, azaz a teljes szavazatok 92,1%-át szerezte meg, a szavazók 95,3%-os részvétele mellett.

társaságok elfogadták a beszállítók hitelleveleit, akik teljesítették az állami megrendeléseket. Ezeket a hitelleveleket a Reichsbanknál 4%-os kamattal diszkontálták. Csak három hónapra állították ki őket, ami egyértelműen nem volt kielégítő a finanszírozott különféle projektek hosszú távú jellegét tekintve. Azonban három havi időközönként meghosszabbíthatóak voltak, legfeljebb öt évre.

1939 januárjában a helyzet elmérgesedett, amikor a Reichsbank elnöke, Hjalmar Schacht, megtagadta hárommilliárd értékű Offa- és Mefo-kötvények meghosszabbítását, attól tartva, hogy ezzel „inflációt" vált ki. 1939. január 7-én Schacht egy saját kezűleg aláírt, valamint a Reichsbank igazgatótanácsának nyolc további tagja által aláírt memorandumot küldött Hitlernek, amely a következő főbb pontokat tartalmazta:

1) A Birodalom csak az adókból fedezett összeget költhet.

2) A teljes pénzügyi ellenőrzést vissza kell adni a pénzügyminisztériumnak. (Akkor kénytelen volt fedezni az összes katonai kiadást).

3) Az árak és a bérek ellenőrzését hatékonyan kell végrehajtani. A jelenlegi rossz gazdálkodásnak véget kell vetni.

4) A pénz- és befektetési piacok használata továbbra is a Reichsbank kizárólagos jogköre maradjon. (Ez Göring négyéves tervének gyakorlati megszüntetését jelentette.)[251]

Schacht memorandumát kétértelmű szavakkal zárja: „Örömmel működnénk együtt a lehető legjobban a jövőbeli célok elérése érdekében, de most eljött az ideje, hogy megálljunk."[252]

Ezen eszközök alkalmazásával Schacht célja az volt, hogy

[251] E. N. Peterson, *Hjalmar Schacht: for and against Hitler: A political-economic study of Germany, 1923-1945*, The Christopher Publishing House, Boston, 1954, 179. o.
[252] J. Weitz, *Hitler's Banker Hjalmar Horace Greely Schacht*, Little, Brown and Company, London, 1999, 17. o.

összeomlassza a német gazdaságot,[253] amely 1933 és 1939 között 100 százalékkal növelte bruttó hazai termékét. Hitler egy 1933 januárjában tönkrement, 7 500 000 munkanélküli emberrel rendelkező nemzetet[254] modern szocialista paradicsommá alakított át. Joggal volt dühös, és elutasította a Reichsbank ajánlásait, amelyeket „lázadásnak" minősített.[255] Két héttel később Schachtot elbocsátották. Roger Elletson így írja le ezt a emlékezetes pillanatot: „1939. január 19-én Schachtot előzetes figyelmeztetés nélkül elbocsátották, és a Reichsbank utasítást kapott, hogy a Birodalomnak minden, Hitler által kért hitelt nyújtson. Ez a döntő lépés egy csapásra megfosztotta a Reichsbankot a nemzeti monetáris politika feletti ellenőrzéstől, és ezzel a nemzetközi zsidóság németországi hatalmi bázisát is. A zsidó bankárok éppen elvesztették a német gazdaság leértékelésének és tönkretételének hatalmát.

A Mefo-k után fizetett kamatok következményein túl Németország most már úgy tekinthette magát, hogy teljes mértékben a „Feder-rendszer" szerint működik, ahelyett, hogy a „Schacht-rendszer" szerint működne. A Reichsbank a kormány hatékony fegyverévé vált, az egyetlen változás az volt, hogy a váltókat mostantól az állam égisze alatt monetizálták, vagyis visszafizették, nem pedig a Reichsbank elnöki székében ülő zsidó szolgáló által.[256] Így 1939. január -án a Reichsbank valódi állami bankká vált. Schacht lemondása egyúttal véget vetett a Németország gazdasági fejleményeiről szóló bizalmas információk átadásának is,[257] amelyeket addig

[253] Uo., 343. o. Arra utaló jel, hogy kinek iránti lojalitását gyakorolta valójában Schacht, a 93 éves korában, 1970. június 4-én bekövetkezett halála után néhány nappal tartott temetésén derült ki. A koporsóján elhelyezett egyik koszorún egy kártya volt, amelyen ez állt: „A nehéz idők társának – Július 20-i Alapítvány." E szervezet tagjai 1944. július 20-án sikertelenül kísérelték meg merényletet Hitler ellen.

[254] A 7 500 000 munkanélküli közül 5 575 492 volt bejelentett munkanélküli, míg további 4 000 000 részmunkaidőben dolgozott. *A Nemzetek Szövetségének Statisztikai Évkönyve*, 1940, Genf, 70. o. Lásd még B. R. Mitchell, International Historical Studies, Europe 1750-1993, negyedik kiadás.

[255] D. Marsh, *The Bundesbank: The Bank That Rules Europe*, William Heinemann Ltd, London, 1992, 119. o.

[256] R. E. Elletson, *Monetary Parapometrics: A Case Study of the Third Reich*, Christian International Publications, Wilson, Wyoming, 1982, 57. o.

[257] D. Irving, *The War Path: Hitler's Germany 1933-1939*, Macmillan, London, 1978,

folyamatosan Montagu Normannek,[258] egy szabadkőműves testvérnek és az Angol Nemzeti Bank kormányzójának (1920–1944) adtak át.

Az 1939. június 15-én kihirdetett új, a Reichsbankról szóló törvény a bankot **„feltétel nélkül az állam szuverenitásának alárendelte".**[259]

A 3. cikkely kimondta, hogy a bankot, amelyet *Deutsche Reichsbanknak* neveztek el, „a Führer és a birodalmi kancellár utasításai szerint és felügyelete alatt kell irányítani és vezetni". "[260] Hitler most már saját bankára volt, de miután elhatárolódott a nemzetközi csalóktól és uzsorásoktól, ugyanazt a sorsot kellett elszenvednie, mint Napóleon Bonaparte-nak, aki 1800-ban állami bankként alapította meg a Banque de France-t; ezt egy felesleges háború követte, amely népe és országa tönkremeneteléhez vezetett. Ez az esemény indította el a második világháborút – a Rothschildok rájöttek, hogy a német kamatmentes állami bankrendszer világszerte történő elterjedése örökre tönkretenné gonosz pénzügyi birodalmukat. Annak érdekében, hogy a lengyeleknek szabad kezet adjanak, ami lehetővé tette számukra, hogy szembeszálljanak és provokálják a németeket, 1939. március 31-én Nagy-Britannia egy megtévesztő és értéktelen

172. o. Megjegyzés: „Montagu Norman, az Angol Nemzeti Bank elnöke kijelentette Joseph Kennedy amerikai nagykövetnek, hogy Schacht 16 éven át állandó informátora volt Németország bizonytalan pénzügyi helyzetét illetően (Joseph Kennedy nagykövet ezt 1939. február 27-én jelentette Washingtonnak). 1946-ban Norman megpróbált közbenjárni Schacht érdekében Nürnbergben a vád képviselőcsoportjának egyik brit szabadkőműves tagján, Harry Phillimore-on keresztül (Schacht szintén szabadkőműves volt). Az amerikai csapat kategorikusan elutasította Phillimore kezdeményezését, de az angol bíró, Birkett felmentést mondott. » Lásd még D. Irving, *Nuremberg The Last Battle*, Focal publishers, London, 1996, 271–272. o. Montagu Norman volt Schacht legfiatalabb ükunokájának, Normannek a keresztapja is. Lásd Norman úr berlini látogatását, *The Glasgow Herald,* 1939. január 5., két nappal azelőtt, hogy Schacht elküldte volna szemtelen memorandumát Hitlernek.

[258] Montagu Norman egy titokzatos alak volt, aki kalandor életmódot folytatott, sőt egyszer még egy teherhajó raktérnyílásából is előbukkant. A már említett Skinner professzor álnév használata mellett alkalmanként második keresztnevét, Collet-t is vezetéknévként használta.

[259] D. Marsh, op. cit., 128. o.

[260] Uo., 40. jegyzet, 300. o.

ajánlatot[261] tett Lengyelország szuverenitásának garantálására.

A **„Wilhelm** Gustloff" (24 484 bruttó tonna), amelyet a Svájci Nemzeti Szocialisták vezetőjéről neveztek el. A *Kraft durch Freude* (Erő az örömben) program részeként a havi 300 RM-nál kevesebbet kereső német munkások megengedhették maguknak, hogy egzotikus úti célokra induló körutazásokra szálljanak fel. Ezeknek a hajóknak azonban megtiltották a brit kikötőkbe való behajózást, attól tartva, hogy zavargásokat és irigységet keltenek a szegény és munkanélküli brit munkások körében.

[261] Ez egy fedezet nélküli csekk volt, amelyet minden valószínűség szerint elutasítottak volna, mivel Anglia csak abban az esetben volt hajlandó Lengyelország segítségére sietni, ha Németország támadná meg Lengyelországot, vagy Lengyelország támadná meg Németországot, de semmiképpen sem, ha a Szovjetunióról volt szó. A lengyelek nem voltak tisztában ezzel a lehetőséggel. A szovjetek végül messze a legnagyobb részét, nevezetesen 77 300 négyzetmérföldet annektáltak Lengyelországból, szemben a Németországnak visszaadott 49 800 négyzetmérfölddel. Ernst von Weizsäcker külügyminiszter, idézi D. L. Hoggan, *The Forced War: When Peaceful Revision Failed*, Institute for Historical Review, Costa Mesa, Kalifornia, 1989, 391. o., aki megvetően így ír: „A brit garancia Lengyelországnak olyan volt, mintha cukrot adnánk egy magára hagyott kisgyereknek!"

A „Wilhelm Gustloff" belseje

1939 szeptemberében a **Reichsautobahn** hossza 3862 km volt. Esztétikai szempontból nem praktikus célra tervezték, hanem azért, hogy az autósoknak lenyűgöző kilátást nyújtson a tájra.

Az azt követő öt hónap során a lengyel kormány fokozatosan fokozta az elnyomást, a zaklatást és a támadásokat a Lengyelországban élő 1,5 millió fős német lakosság ellen. Ezek a támadások –[262] – amelyek során 58 000 német polgár

[262] D. L. Hoggan, op. cit., 16. fejezet, *A terrorizált németek Lengyelországban*, 388–390.

halt meg a lengyelek által elkövetett eseti barbárságok következtében – a 1939. szeptember 3-i brombergi mészárlásban csúcsosodtak ki, amely 5500 áldozatot követelt. Kezdetben ezeket a provokációkat és atrocitásokat sztoikusan figyelmen kívül hagyták. Végül Hitler kénytelen volt katonai beavatkozáshoz folyamodni a lengyelországi németek védelme érdekében. 1939. augusztus 30-án, államférfihoz méltó gesztussal, Hitler ismét előterjesztette a lengyel kormánynak a marienwerderi javaslatokat.[263]

A négy fő javaslat a következő volt:

(i) A Versailles-i Szerződés által meghatározott határok fenntartása.

(ii) A Danzig lakosságának (370 000 fő), amelynek 97%-a német volt, visszatérése Németországba.

(iii) Egy 96 km hosszú autópálya és egy vasútvonal építése Nyugat- és Kelet-Poroszország összekötésére, Schönlanke és Marienwerder között.

(iv) Német és lengyel lakosságcsere.

A nemzetközi bankárok utasítására a brit külügyminiszter, Lord Halifax, határozottan azt ajánlotta a lengyel kormánynak, hogy ne tárgyaljon.[264] Így robbant ki a második világháború, ami cáfolja a német bűnösségre vonatkozó hazugságot. 1939-től kezdve, bár Németország legalább 28 ismert kísérletet tett a feltétel nélküli békére, ezeket mind elutasították. Az ezt követő kényszerű háború a nemzetközi pénzemberek győzelmével, valamint az európai népek, sőt az egész világ népeinek vereségével és leigázásával zárult. Európában ez a leigázás végül a Rothschild által ellenőrzött Európai Központi Bank 1998. június[1-jei] létrehozásával és *az euro* 1999. január[1-]

o., és a łódźi zavargások, 391–392. o. Hoggan azt is kijelenti, hogy: „... az akkori [1939-es] jól tájékozott emberek körében nem volt kétség afelől, hogy a lengyelországi németeket nap mint nap szörnyű atrocitásoknak vetették alá," 554. o.

[263] *„Das Letze Angebot in Verheimlichte Dokumente – Was den Deutschen verschwiegen wird"* (Az utolsó javaslat a titkos dokumentumok tükrében – amit eltitkolnak a németek elől), Fz-Verlag, München, 1993, 172–174. o. A mű a 16 pont teljes szövegét tartalmazza.

[264] D. H. Hoggan, op. cit., 565–569. o.

jeibevezetésével teljesedett be.

A NÉMET ÁLLAMI BANKRENDSZER EREDMÉNYEI

Az állami bankrendszer és a monetáris reform egyik első jótékony hatása a német nép számára a megfelelő lakhatás biztosítása volt. Az 1933–1937 közötti időszakban 1 458 178 új házat építettek, amelyek megfeleltek a kor legfejlettebb szabványainak.[265] Egyetlen ház sem lehetett két emeletnél magasabb, és mindegyiknek kerttel kellett rendelkeznie. A lakásépítést nem ösztönözték, és a lakbér nem haladhatta meg a havi 25 RM-et, ami a munkavállalók átlagkeresetének 1/8-át jelentette. A magasabb fizetést kapó alkalmazottak havonta legfeljebb 45 RM-et fizettek.

A fiatal pároknak legfeljebb 1000 RM (öt havi fizetésnek megfelelő összeg) kamatmentes kölcsönt, az úgynevezett *Ehestanddarlehen-t* (házassági hitelt) nyújtottak. A hitelt havi 1%-os kamattal kellett visszafizetni, de minden született gyermek után a hitelösszeg 25%-át elengedték. Így ha egy családnak négy gyermeke született, a hitelt teljes egészében visszafizetettnek tekintették. Ugyanez az elv vonatkozott az ingatlanhitelekre is, amelyeket tízéves futamidőre, nagyon alacsony kamatlábbal nyújtottak. Minden gyermek születése szintén a hitel 25%-ának elengedését eredményezte.[266] Az általános iskolai oktatás, a szakiskolák és az egyetemek ingyenesek voltak, míg az általános egészségügyi rendszer mindenki számára ingyenes ellátást biztosított.[267]

[265] 1932 és 1938 között a befejezett építkezések indexe 163,2%-kal emelkedett, 38-ról 100-ra.

[266] S. M. Goodson, *Illustrated Guide to Adolf Hitler & The Third Reich*, Washington D.C., The Barnes Review, 2009, 15. o.

[267] A rendszert a munkavállalók béréből levont szerény hozzájárulásból finanszírozták, amelyet *az Allgemeine Ortskrankenkasse*-ba (Általános Helyi Egészségügyi Alap) fizettek be.

A nép autója – **Adolf Hitler** a wolfsburgi „Volkswagen" gyárban, 1938. Az új településnek javasolt név Hitlerstadt volt, de Hitler kifogásolta, és inkább a Wolf álnevet választotta.

Az 1933–1937 közötti időszakban az import 31%-kal nőtt, 4,2 milliárd RM-ről 5,5 milliárd RM-re, míg az export, különösen Délkelet-Európába, 20,4%-kal szárnyalt, 4,9 milliárd RM-ről 5,9 milliárd RM-re. A kereskedelem növekedését jól illusztrálja a belvízi hajózás 76,9%-os növekedése, amely 73,5 millió tonnáról 130 millió tonnára emelkedett, valamint a tengeri hajózás 69,4%-os növekedése, amely 36 millió tonnáról 61 millió tonnára emelkedett. Ebben az időszakban a kereskedelem jelentősen javult a cserekereskedelem révén, megkerülve a nemzetközi fizetési rendszert és a váltók után fizetendő jutalékok és kamatok követelményét. Az 1930-as évek végén a teljes külkereskedelem 50%-a cserekereskedelemre épülő tranzakciók révén zajlott. Ugyanezen időszak alatt a közúti infrastruktúrára, és különösen a Reichsautobahnra fordított kiadások – amelynek 3 862 km-es szakasza 1939 szeptemberében készült el – 229,5%-kal nőttek, 440 millió RM-ről 1,45 milliárd RM-re. E hatalmas autópálya építése – szimbolikus jelentőségén túl – szükséges volt a járművek számának növekedése miatt, amely 425%-kal emelkedett, azaz 41 000-ről 216 000-re nőtt a regisztrált járművek száma, valamint a személygépkocsik még ennél is látványosabb, 622%-os növekedésének kezelése érdekében, amelyek száma 7 000-ről 50 600-ra emelkedett.

1932 és 1938 között a vasérc-termelés 45,4%-kal, 843 000 tonnáról 1 226 000 tonnára nőtt. A német érc csak 25%-os vas-tartalommal rendelkezett, ellentétben a magasabb vas-tartalmú svéd érccel, amelyet Németországnak nem volt módja beszerezni. Ezt a nehézséget a Krupp-Renn-eljárás segítségével sikerült leküzdeni, amely kiváló minőségű acélt eredményezett. 1932 és 1939 között a széntermelési index 85,5%-kal, 69-ről 128-ra nőtt, míg az energiaindex ugyanebben az időszakban 76%-kal, 75-ről 132-re emelkedett.[268]

Ez a folyamatosan növekvő gazdasági tevékenység azt eredményezte, hogy a munkanélküliségi ráta, amely 1933-ban elérte a 30,1%-ot, 1939 júliusára szinte nullára csökkent[269], olyannyira, hogy a nyugdíjas munkavállalókat újra ösztönözni kellett a munkába állásra, hogy pótolják a munkaerőhiányt. Ezzel szemben az Egyesült Államokban a munkanélküliségi ráta, amely 1933-ban elérte a 25,1%-ot, a National Industrial Conference Board szerint csak marginálisan csökkent, és 1940 januárjában elérte a 19,8%-ot;[270] ez a helyzet a Rothschild által irányított Federal Reserve irracionális, de mégis szándékos politikájának, valamint a parazita magánbanki szektornak tulajdonítható.

Németország nemzeti jövedelme 1932 és 1937 között 43,8%-kal nőtt, 45,2 milliárd RM-ről 65 milliárd RM-re, míg 1932 és 1939 júniusa között az árugyártási index 219,6%-kal emelkedett, 46-ról 147-re;[271] mégis a megélhetési költségek csupán 4%-kal emelkedtek, azaz évente kevesebb mint 1%-kal, és ez az arány a nemzetiszocialista állami bankrendszer 12 éve alatt végig fennmaradt. A német monetáris politika „nem inflációs jellegű volt a kormányzati kiadásoknak köszönhetően, amelyek növelték a keresleti -t, ami viszont a rendelkezésre álló áruk mennyiségének egyre növekvő

[268] *A Nemzetek Szövetségének statisztikai évkönyve*, op. cit., 169. o. A termelési indexeket a *Konjunkturforschung* szolgáltatta, 1928-as évre vonatkozóan.
[269] 1939 júliusában 38 379 személy volt nyilvántartva munkanélküliként.
[270] *A Nemzetek Szövetségének Statisztikai Évkönyve*, op. cit., 70. o.
[271] Uo., 169. o.

emelkedését eredményezhette."[272]

1939-re Németország Európa történelmének leghatalmasabb országává vált. Bruttó hazai terméke évi 11%-kal nőtt, és az állami bankrendszer hat éve alatt megduplázódott. A németek ekkor már a világ legboldogabb és legvirágzóbb népe voltak, teljes foglalkoztatottságot élveztek és a legmagasabb életszínvonalat élvezték. Ezt a sikert a német nép szorgalmának és egy becsületes monetáris rendszernek köszönhették, amely nem a uzsorán és az aranyalapú rendszeren alapult.

Az egyik, a hivatalos történészek által terjesztett mítosz az, hogy a német gazdasági reneszánsz a fegyvergyártáson alapult. Az alábbi táblázat rávilágít a katonai kiadások szerény szintjére, amelyek csak 1938/1939-ben kezdtek növekedni, amikor Németország kezdte fenyegetve érezni magát szomszédai által.

Évek	Katonai kiadások RM	Nemzeti jövedelem
1933/34	1,9 milliárd	4%
1934/35	1,9 milliárd	4%
1935/36	4 milliárd	7%
1936/37	5,8 milliárd	9%
1937/38	8,2 milliárd	11
1938/39	18,4 milliárd	22

Forrás: Deutsche Reichsbank

Még a nemzeti jövedelem 22%-át kitevő védelmi kiadások is, közvetlenül a második világháború kitörése előtt, nem tekinthetők túlzottnak, ha figyelembe vesszük, hogy Németország határainak alig vannak természetes korlátai, és hogy abban az időben ellenséges szomszédok vették körül: az, Csehszlovákia, Franciaország és Lengyelország. Németországnak emellett pótolnia kellett azokat a fegyvereket

[272] R.E. Elletson, op.cit., 60. o.

is, amelyek beszerzését a Versailles-i békeszerződés tiltotta. Az angol történész, A. J. P. Taylor így ír: „A német fegyverzet állapota 1939-ben döntő bizonyíték arra, hogy Hitler nem tervezett általános háborút, és valószínűleg egyáltalán nem szándékozott háborút indítani."[273]

A HÁBORÚ UTÁNI FEJLEMÉNYEK

1945 májusában a *Deutsche Reichsbank* megszüntette működését, bár tevékenysége csak 1961-ben szűnt meg véglegesen. Az ország nyugati felén 1948. május 1-jén a *Bank deutscher Länder* (Német Államok Bankja) vette át a helyét. Ez a bank 1948. június 21-én vezette be a német márkát, és később a 1957. július 26-án létrehozott *Deutsche Bundesbank* néven vált ismertté. Bár jogilag független volt és az amerikai Federal Reserve mintájára alakult, a Bundestag, azaz a szövetségi parlament jelentős ellenőrzést és befolyást gyakorolt a politikájára, így abban az időben nem volt annyira független, mint a mai központi bankok többsége.

2001 óta, az Európai Központi Bank tagjaként, a *Deutsche Bundesbank* hatalmának nagy részét átruházta erre a szervezetre. A fennmaradó feladatkörök, amelyeket az EKB-val oszt meg, a bankjegyek kibocsátása, az elszámolóház irányítása, valamint a devizatartalékok felügyelete és kezelése. Az EKB fő célja, az Európai Unió működéséről szóló szerződés 127. cikkének (1) bekezdése szerint, az árstabilitás fenntartása. Ez a megszállottság nagyban felelős a jelenleg tapasztalható rekordmagas munkanélküliségi szintért és a gyenge GDP-növekedésért, valamint a születési ráta csökkenéséért.

Az EKB-t 1998. január 1-jén hozták létre, és 1999. január 1-jén, az egységes valuta, az euró bevezetésével vált hivatalosan működőképes bankká. Ez a Rothschild által irányított bank ironikus módon a Kaiserstrasse 29. szám alatt található, Frankfurt am Mainban, nem messze a *Judengasse-tól* (a Zsidó

[273] A.J.P. Taylor, *The Origins of the Second World War*, Hamish Hamilton, London, 1961, 218.

utcától), ahol Mayer Amschel Rothschild és testvére, Kalman az 1780-as években egy érme- és medálváltó üzletet nyitottak. Azok számára a 18 ország számára, amelyek ostobán bevezették az eurót és csatlakoztak az EKB-hoz, leigázásuk és rabszolgasorba taszításuk *már tény*[274].

A FASISZTA OLASZORSZÁG

1922. október 28-án Benito Mussolini és Nemzeti Fasiszta Pártja került hatalomra. A fasizmust pontosabban korporativizmusnak kellene nevezni, mivel az állam és a korporatív hatalom egyesülését szimbolizálja. 1936-ban a Képviselőházat felváltotta a Nemzeti Szakmai Tanács, amely 823 ipari, munkavállalói és tartományi képviselőből állt, akik irányították az ipari termelést és rendezték a munkaügyi konfliktusokat.

Az 1920-as években állami kiadásokból olyan nagyszabású közmunka-programot indítottak, amelynek akkoriban nem volt párja a modern Európában. Hidakat, csatornákat, 4000 km-es autópályákat, kórházakat, iskolákat, vasútállomásokat és árvaházakat építettek. Erdőket ültettek és egyetemeket alapítottak.[275] A Pontini-mocsarakat lecsapolták, és 802 km^2területet nyertek vissza.[276] A mezőgazdaságot támogatták és szabályozták egy nemzeti önellátási vagy autarkikus program keretében.

AZ OLASZ ÁLLAMI BANK

1926-ban Mussolini először avatkozott be a banki szektorba, megadva a Banca d'Italia-nak a bankjegyek kibocsátásának jogát és a bank minimális tartalékainak kezelését, beleértve az aranykészleteket is. Politikájának lényegét az olasz fasizmus „elsősorban egy olyan autarkikus állam létrehozására való

[274] N.D.T.: franciául a szövegben
[275] R.G. Price, *Fasiszta 1. rész: A fasizmus és az antiszemitizmus megértése*, 2003. október 23.
www.rational/revolution.ne/articles/understandingfascism.htm
[276] Ma 520 000 ember él ebben a korábban elhagyatott régióban.

felhasználása képezte, amely nem függ a világkereskedelem és a világpénzügy szeszélyeitől" ([277]). 1927-ben Olaszország 100 millió dolláros kölcsönt kapott a JP Morgan-tól, hogy megbirkózzon egy vészhelyzettel. Ezt követően Mussolini elutasította, hogy „tárgyaljon vagy elfogadjon további külföldi kölcsönöket", mivel „elhatározta, hogy Olaszországot mentesen tartja minden pénzügyi függőségtől a külföldi banki érdekekkel szemben".[278]

Benito Mussolini szemléli a pontini mocsarak lecsapolásának előrehaladását – ez volt az egyik mérnöki remekműve, amely a malária sújtotta régiót termékeny mezőgazdasági területté alakította át.

1931-ben az állam *az Instituto Mobiliare Italiano* (Olasz Értékpapír-intézet) segítségével magához ragadta a jogot, hogy felügyelje az összes jelentős bankot. 1936-ban ez a folyamat befejeződött, amikor *az Atto Reforma Bancaria* (bankreform-törvény) révén az Olasz Nemzeti Bank és az összes főbb bank állami intézménnyé vált.[279]

---

[277] K. Bolton, *The Banking Swindle Money Creation and the State*, Black House Publishing Ltd, London, 2013, 118.

[278] L. Villari, *Italian Foreign Policy under Mussolini*, Holborn Publishing Company, London, 1959, 59. o.

[279] A. J. de Grund, *Fascist Italy and Nazi Germany: The 'Fascist' Style of Rule*, George Routledge & Sons Ltd, London, 2004, 52. o.

Az Olasz Nemzeti Bank ekkor már teljes jogú állami bank volt, amely egyedül rendelkezett azzal a joggal, hogy a semmiből hitelt teremtsen, és azt csekély összegért más bankoknak juttassa. Az állami hitelfelvételre vonatkozó korlátozásokat feloldották (ahogyan az a Japán Bank esetében is történt, lásd alább), és Olaszország felhagyott az aranyalapú valutával.

A JAPÁN ÁLLAMI BANK

A Japán Bankot, vagy 日本銀行 *Nippon Ginkō*-t 1882. október 10-én alapították. Bár a japán császári ház volt a legnagyobb részvényese, a bank tipikus központi bankként működött, azaz a magánbankok javára és a közérdek rovására.

1929-ben C. H. Douglas, akinek társadalmi hitelrendszerét már bemutattuk, előadássorozatot tartott Japánban. Javaslatai, amelyek szerint a kormány kamatmentesen teremthetne pénzt és hitelt a nemzet számára, lelkes fogadtatásban részesültek a japán kormány és az ipar vezetői körében. Douglas összes könyvét és röpiratát lefordították japánra, és ebben az országban több példány kelt el, mint a világ többi részén.[280]

A Japán Bank átalakítása kizárólag a nemzeti érdekeket szolgáló állami bankká 1932-ben kezdődött. A bank reformja 1942-ben fejeződött be, amikor a Japán Bankról szóló törvényt a német Reichsbank 1939-es jogszabályai alapján átalakították.[281] A bank a következőképpen működött:

> „Megállapodás született arról, hogy a Bank egy különleges, erősen nemzeti szerkezetű társaság. A Banknak feladata a valuta és a pénzügyek ellenőrzése, valamint a hitelrendszer támogatása és előmozdítása az állami politikával összhangban, a nemzet potenciáljának teljes kihasználása érdekében. Másrészt a Bankot

[280] „New Economics", 1934. január 19., 8. o., idézi D.J. Amos, *The Story of the Commonwealth Bank*, Veritas Publishing Company, Bullsbrook, Nyugat-Ausztrália, 1986, 44. o.

[281] www.veteranstoday.com/2011/06/26was-world-war-ii-fought-to-make-theworld-safe-for-usury és S. M. Goodson, La véritable raison de l'attaque japonaise sur Pearl Harbor, *The Barnes Review*, Washington D.C., XIV. évf., 6. sz., 2008. november–december, 41–45. o.

> **„kizárólag a nemzeti célok elérése mint vezérelv alapján** kell **irányítani”** (2. cikk). A Bank feladatait illetően a törvény eltörölte a kereskedelmi finanszírozás elsőbbségének régi elvét, teljes szabadságot adva neki az ipari finanszírozás felügyeletére. A törvény felhatalmazta a Bankot arra is, hogy a kormánynak korlátlan, fedezet nélküli előlegeket nyújtson, valamint kincstári kötvényeket jegyezzen és felvásároljon. A pénz kibocsátását illetően a törvény állandóvá tette a maximális kibocsátási rendszert, így a Bank tetszése szerint bocsáthatott ki pénzt a védelmi ipar és a kormány szükségleteinek kielégítésére. Másrészt a kormány felügyelete a Bank felett jelentősen megerősödött. A kormány kinevezhette és utasításokat adhatott az elnököknek és az igazgatóknak; egy záradék széles körű hatáskört biztosított a kormánynak, hogy úgynevezett „működési utasításokat” adjon a banknak, annak érdekében, hogy az végrehajtsa a Bank céljainak eléréséhez szükségesnek ítélt intézkedéseket. Ráadásul a törvény a Bank pénzügyi ügyeinek nagy részét a kormány jóváhagyásának alávetette, beleértve olyan területeket is, mint a kamatlábak módosítása, a bankjegyek kibocsátása és a számlák felügyelete.”[282]

Japán is átélte a mesterséges nagy gazdasági világválság okozta ugyanazokat a traumatikus nehézségeket. Azonban a magánközponti bank állami szervvé történő átalakításának eredményei egyaránt meggyőzőek és tartósak voltak.

JAPÁN GAZDASÁGI MUTATÓI 1931–1941

	Termékek gyártott	Minden iparág	Nemzeti jövedelem	GDP
1931	19,1	19,7	10,5	12,5

[282] *Money and Banking in Japan*, a Japán Bank Gazdasági Kutatási Osztálya, fordította S. Nishimura, szerkesztette L.S. Pressnell, Macmillan, London, 1973, 38. o.

1932	20,2	20,8	11,3	13,0
1933	24,7	25,3	12,4	14,3
1934	26,4	27,0	13,1	15,7
1935	27,9	28,7	14,4	16,7
1936	31,5	32,3	15,5	17,8
1937	37,2	37,7	18,6	23,4
1938	38,2	39,0	20,0	26,8
1939	42,4	43,0	25,4	33,1
1940	44,3	44,9	31,0	39,4
1941	45,8	46,5	35,8	44,9

Forrás: Statisztikai Osztály, Japán Bank

Ez a táblázat szemlélteti a japán gazdaságban bekövetkezett fokozatos javulást, miután a kamatkorlátozások megszűntek. Az 1931–1941 közötti időszakban a feldolgozóipari termelés és az ipari termelés 140%-kal, illetve 136%-kal nőtt, míg a nemzeti jövedelem és a GDP 241%-kal, illetve 259%-kal emelkedett. Ezek a figyelemre méltó növekedések messze meghaladták a többi iparosodott ország gazdasági növekedését. A munkanélküliség 1930-as 5,5%-áról 1938-ra 3%-ra csökkent. Az ipari viták száma a nem tervezett leállások csökkenésével együtt mérséklődött: ezek száma 1931-ben 998 volt, 1941-re pedig 159-re esett vissza.

Japán kihívása az európai autógyártóknak – A kis Datsun olcsóbban volt kapható, mint az Egyesült Államok vagy az Egyesült Királyság legolcsóbb autói. Próbára rendelték Indiában, Csehszlovákiában és Nagy-Britanniában. A fotón Chichbe herceg, Hirohito császár testvére látható, aki 1934 decemberében a Jokohamai Japán Ipari Szövetségnél ül a jármű volánja mögött.

Az 1930-as évek végén Japán Kelet-Ázsia vezető gazdasági hatalmává vált, és exportja rendszeresen meghaladta Amerika és Anglia exportját. 1940 augusztusában Japán bejelentette a Nagy-Kelet-Ázsiai Közös Jóléti Térség létrehozását.[283] Az a félelem, hogy ezek az országok átveszik Japán állami banki módszereit, olyan fenyegetést jelentett a Rothschild tulajdonában lévő Federal Reserve számára, hogy a háború tűnt az egyetlen eszköznek, amellyel megakadályozható volt, hogy ezt a jótékony modellt nagyobb léptékben is alkalmazzák.

HOGYAN SODRÓDOTT JAPÁN A MÁSODIK VILÁGHÁBORÚBA

1939 júliusától a kapcsolatok Amerikával gyorsan romlottak, miután az USA egyoldalúan felmondta az 1911-es kereskedelmi szerződést, ezzel korlátozva Japán képességét a

[283] A tervet eredetileg Hachiro Arita tábornok dolgozta ki, aki 1936 és 1940 között külügyminiszter volt. Ezt az együttműködést Matsuoka Yosuke külügyminiszter jelentette be hivatalosan 1940. augusztus 1-jén.

nélkülözhetetlen nyersanyagok importjára. Ezeket az intézkedéseket nyíltan a kínai háború miatt vezették be, és 1940 júniusában kerozinembargó, 1940 novemberében pedig a vasérc és acél Japánba történő exportjának tilalma követte. 1941. július 25-én befagyasztották az összes japán vagyont Angliában, Hollandiában és Amerikában, miután Japán – a Vichy-Franciaország engedélyével – békésen megszállta Indokínát, hogy elzárja a kínai utánpótlást dél felől, és felfüggesztették az összes kereskedelmet Japán és Amerika között. Ugyanakkor Franklin D. Roosevelt elnök elrendelte a Panamacsatorna lezárását minden japán hajó előtt, és gumira és kőolajra embargót vezettek be, ami utóbbi esetben az összes ellátás 88%-ának elvesztését eredményezte. Kőolaj nélkül Japán nem tudott túlélni.

Hideki Tojo tábornok, miniszterelnök (1941. október – 1944. július) naplójában elmagyarázza, hogy az Egyesült Államok hogyan akadályozta folyamatosan Japán diplomáciai erőfeszítéseit a béke fenntartása érdekében. Japán békés kereskedelmi kapcsolatait az USA folyamatosan szabotálta, és ezek a zavarások nagy fenyegetést jelentettek az ország jövőjére nézve. A gazdasági blokád fokozatosan hurokba szorította Japánt. Nemcsak az Egyesült Államok, Anglia, Kína és Hollandia vette körül Japánt gazdasági szankciókkal, hanem a Fülöp-szigetek, Szingapúr és Malajzia térségében is átcsoportosították és megerősítették a haditengerészeti erőket. Amerikai hadihajókat láttak járőrözni Japán felségvizein. Egy amerikai admirális, azt állította, hogy a japán flottát két héten belül elsüllyeszthetik, míg a brit miniszterelnök, Winston Churchill kijelentette, hogy Anglia 24 órán belül csatlakozik az Egyesült Államokhoz.

Tojo tábornok így ír: „Japán diplomáciai tárgyalásokkal próbált kijátszani ezeket a veszélyes körülményeket, és bár Japán egymást követő számos engedményt tett abban a reményben, hogy kölcsönös kompromisszumon keresztül megoldást talál, nem történt előrelépés, mert az Egyesült Államok nem tért el eredeti álláspontjától. Végül az Egyesült Államok olyan követeléseket ismételtek meg, amelyeket Japán ebben az esetben nem tudott elfogadni: a csapatok teljes kivonását Kínából, a nankingi kormány elutasítását és a Háromhatalmi Paktumból való kilépést."[284]

Japán számos diplomáciai gesztust tett, többek között 1941. augusztus 8-án csúcstalálkozót javasolt, de ezek mind kudarcot vallottak. 1941. december 2-án Japán külkereskedelmének 75%-át elvágták a szövetségesek blokádja, ezért kénytelen volt megtámadni Amerikát, hogy megpróbálja fenntartani jólétét és biztosítani szuverén nemzetként való létezését. A new yorki uzsorások folyamatos nyomása és kompromisszumképtelensége szándékosan provokálta Japánt, hogy megtorló intézkedéseket tegyen.

A HÁBORÚ UTÁNI FEJLEMÉNYEK

Japán veresége után az Egyesült Államok japán megszálló erői egyik első döntése 1945 szeptemberében a japán bankrendszer átszervezése volt, hogy az összhangba kerüljön a nemzetközi bankárok szabványával, azaz a „ " elvével, vagyis a uzsorával. A Japán Bank által az állam számára nyújtott korlátlan finanszírozást eltörölték, és a nagy ipari konglomerátumokat, a *zaibatsu-kat*, feloszlatták. Ezt a politikát Joseph Dodge, egy detroiti bankár hajtotta végre, aki a Szövetséges Erők Főparancsnokának, Douglas MacArthur tábornoknak volt a pénzügyi tanácsadója.

A pénzügyminisztériumnak azonban sikerült megőriznie bizonyos mértékű ellenőrzését a bankrendszer, és különösen a monetáris politika felett. 1988-ban Japánt súlyosan érintette a Bázel I. intézkedések bevezetése, amelyek arra kötelezték a Japán Bankot, hogy kockázatos eszközeihez minimális tőkét vonjon be, 2%-ról 8%-ra emelve azt. Ez a döntés egy 26 éve

[284] *The Journal for Historical Review*, 12. évf., 1. sz., 1992. tavasz, Hideki Tojo börtönnaplója, 41–42. o. Az 1940. szeptember 27-én aláírt Háromhatalmi Paktum egy tízéves megállapodás volt Németország, Olaszország és Japán között. Fő célja az volt, hogy fenntartsák az uzsoramentes bankrendszeren alapuló új gazdasági rendjüket, és elősegítsék egymás prosperitását és népeik jólétét. A 3. cikk politikai, gazdasági és katonai segítségnyújtást írt elő arra az esetre, ha a három hatalom egyikét olyan hatalom támadná meg, amely még nem vett részt az európai háborúban vagy a kínai–japán konfliktusban.

tartó recessziót váltott ki.

1998 áprilisában a pénzügyminisztert törvény kötelezte arra, hogy alávesse magát a független Japán Banknak. Azóta a Japán Bank tipikus központi bankként működik a Rothschildok irányítása alatt, és ritkán gyakorolja jogosultságait a japán nép legjobb érdekeit szem előtt tartva.

VII. FEJEZET

AZ ÁLLAMI BANKOK MODERN FORMÁI

„A bankot gonoszságból teremtették, és a bűnből született. A bankárok birtokolják a földet. Vegyétek el tőlük, de hagyjátok meg nekik a pénzteremtés jogát, és egy tollvonással annyit teremtenek, hogy az egész földet visszavásárolják. Ha azonban ezt a hatalmat elvesszük tőlük, akkor az összes nagy vagyon, mint az enyém is, eltűnik, ahogyan eltűnnie kell, mert a világ, amelyben akkor élnénk, csak jobb és boldogabb lenne. De ha továbbra is a bankárok rabszolgái akartok maradni, és fizetni akartok a saját szolgaságotok árát, akkor hagyjátok, hogy továbbra is pénzt teremtsenek."

- Sir Josiah Stamp,
az
az Angol Nemzeti Bank

AZ ÉSZAK-DAKOTAI BANK[285]

1919-ben az Egyesült Államok 48 államának felajánlották a lehetőséget, hogy saját állami bankot hozzanak létre. Észak-Dakota volt az egyetlen állam, amely elfogadta ezt az ajánlatot.

Észak-Dakota fővárosa Bismarck, lakossága 684 000 fő. Az állam Amerika közepén, a kanadai határ közelében fekszik. A nagyon zord tél ellenére a közvetlen és közvetett jövedelem fő forrása a mezőgazdaság. Az állam az első helyen áll a búza, főként a durumbúza ([286]), az árpa, a repce, a len, a zab és a napraforgómag termelésében. A Bakken-medence kőzetrepesztésével nyert palaolaj és a lignit az állam fő ásványi erőforrásai.

---

[285] http://banknd.nd.gov/

[286] A spagetti és más tészták készítéséhez használt, keményebb búzafajta.

Az Észak-Dakota állami bankot 1919-ben egy gazdákból álló koalíció alapította.

Az Egyesült Államok legtöbb állama technikailag fizetésképtelen; Észak-Dakota és nyugati szomszédja, Montana kivételével mindegyik költségvetési hiányokkal küzd. Összehasonlításképpen: Kalifornia, a gazdasági szempontból legjelentősebb állam, amely jelenleg a világ tizenkettedik legnagyobb gazdasága, 2013 áprilisában 23 milliárd dolláros hiányt könyvelt el, és évente 10,4 milliárd dollárt fizet kamatként. 2012-ben kötvényadóssága 167,9 milliárd dollár volt. A többi 49 állammal ellentétben, amelyek egyre növekvő munkanélküliségi rátával küzdenek, Észak-Dakotában ez a ráta csökkent, és jelenleg az ország legalacsonyabbja, 2,7%. Az állam emellett az Egyesült Államokban a legalacsonyabb vállalati csődrátával is rendelkezik.

2012 szeptemberében Észak-Dakota 1,6 milliárd dolláros költségvetési többletet ért el. 1997 és 2010 között a GDP-je 93,4%-kal nőtt, 16 milliárd dollárról 31 milliárd dollárra. A 2000–2011 közötti időszakban az egy főre jutó jövedelem 127%-kal, 20 155 dollárról 45 747 dollárra nőtt, míg az országos növekedés ugyanebben az időszakban csupán 37,4% volt.

Sikerének titka az állami bankban rejlik. A bank feladata olyan pénzügyi szolgáltatások nyújtása, amelyek támogatják a mezőgazdaságot, a kereskedelmet és az ipart. A törvény szerint az államnak minden pénzét a banknál kell elhelyeznie, amely versenyképes kamatot fizet neki.

A bank teljes nyereségét visszafizeti az államnak, amely 2011-ben 60 millió dollárt tett ki. Az elmúlt 11 évben több mint 460 millió dollárt fizettek be az államnak. A források nagy részét az adócsökkentések kompenzálására fordítják. A bank emellett másodlagos piacot biztosít az ingatlanhitelek számára, garanciákat nyújt az új vállalkozásoknak, valamint évi 1%-os kamatlábbal nyújt hitelt a gazdáknak. Észak-Dakota nem szenvedett hitelválságot, sem hitelstopot, mivel a bank saját hiteleket nyújt az államnak. Saját gazdasági szuverenitásának megteremtésével Észak-Dakota az Egyesült Államok legvirágzóbb és pénzügyileg legélhetőbb államává vált.

Még ha az állami bank nem is oldja meg a nemzeti szinten tapasztalt pénzügyi patthelyzetet, az USA állami bankjainak megvan a potenciáljuk, hogy jelentős megkönnyebbülést nyújtsanak az állami kormányzás számára, költségvetési többlet, jelentős adócsökkentések, a munkanélküliség csökkenése és magas jóléti szint formájában. 2014 júniusában 25 állam fontolgatta egy állami bank létrehozását lehetővé tevő jogszabályok bevezetését.[287]

GUERNSEY ÁLLAM

1815-ben, a napóleoni háborúk befejeztével Guernsey szigete bizonytalan helyzetben volt. Az utak romosak voltak, a gátak és a gazdaság összeomlott. A sziget nem tudott hitelt felvenni, mert nem tudott elegendő adót beszedni a szükséges kamatok kifizetéséhez.

1816-ban a közmunkák és egy új piactér finanszírozása érdekében a Guernsey-i Államok Bizottsága új megoldást keresett. 6000 fontot bocsátott ki 1 fontos bankjegyek formájában, adósság és kamat nélkül. Két éven belül minden munkát befejeztek anélkül, hogy a finanszírozásuk bármilyen

[287] http://publicbankinginstitute.org/

mértékben növelte volna az államadósságot.[288]

Újabb 5 000 font értékű kibocsátásra került sor, ezúttal ötfontos bankjegyekkel, az I. Erzsébet királynő által 1563-ban alapított Elizabeth College és a plébániai iskola újjáépítése céljából. 1837-ben 55 000 font volt forgalomban. A sziget turizmusa fellendült, és soha nem látott jólétet élvezett.

A St Peter Port-i régi piactér építését 1816-ban 6 000 font értékű, adósság- és kamatmentes bankjegyek kibocsátásával finanszírozták.

1914-ben az államkötvények kibocsátásának értéke elérte a 142 000 fontot. 1937-ben ez az összeg 175 000 fontra emelkedett. A bankjegyek nyomtatási költsége 450 font volt, szemben az éves kamatszolgálattal, amelynek összege 11 383 fontra (6,5%) rúgott volna. 1958-ban 542 765 font volt forgalomban. Jelenleg 43,8 millió font van forgalomban.[289] Ma Guernsey lakossága 65 400 fő, akik a világ egyik legmagasabb életszínvonalát élvezik. A jelenlegi jövedelemadó mértéke 20%, függetlenül a jövedelem forrásától, de éves szinten 220 000 fontra korlátozódik. Nincs társasági adó, kivéve egy 10%-os adót bizonyos banki tevékenységekre, nincs tőkeadó, nincs öröklési adó, nincs ingatlanadó, nincs áfa és nincs tőkeátutalási

---

[288] A Grubiakok érdekes példát nyújtanak arra, hogyan tud a kamatos kamat egy közösséget rabszolgává tenni. 1817-ben a glasgow-i gyümölcspiacot 60 000 font kamatos kölcsönből finanszírozták. Végül csak 139 évvel később, 1956-ban fizették vissza. Az 1816 és 1910 közötti kamatos kamat mértéke nem ismert, de 1910 és 1956 között 267 886 fontot fizettek ki.

[289] Pénzügy- és Erőforrásügyi Minisztérium, Guernsey, 2012. november 16.

adó. Guernsey-nek nincs államadóssága.

A LÍBIAI KÖZPONTI BANK

1551-től 1911-ig Líbiát az Oszmán Birodalom, 1911-től 1943-ig Olaszország irányította, 1943 és 1951 között pedig Nagy-Britannia és Franciaország kettős katonai fennhatósága alatt állt. A Líbiai Központi Bankot 1956-ban alapították, és 1969. szeptember 1-jén bekövetkezett, vérontás nélküli *puccsig* ([290])
tipikus központi bankként működött.

1959-ben kivételes minőségű kőolajat fedeztek fel. Idris al Mahdi as-Sanusi király azonban nem tudta kihasználni ezt az áldást, sem pedig népe javára fordítani, és a kőolajból származó nyereség nagy részét a kőolajvállalatok számláira szivattyúzták át.

Miután 1969-ben hatalomra került, Muammar Kadhafi átvette az irányítást az ország gazdasági tevékenységei felett, beleértve a központi bankot is, amelyet gyakorlatilag állami bankként működtettek. Ez a helyi bankok szuperbankárjaként működött, és a külföldi bankok nem végezhettek ott tranzakciókat. A kormányzati infrastruktúra finanszírozása nem a *ribából* (kamatokból) származott, és Líbiának nem volt államadóssága, és nem vett fel külföldi hitelt. Devizatartalékai meghaladták az 54 milliárd dollárt, ami összehasonlítható olyan fejlett országok tartalékaival, mint az Egyesült Királyság és Kanada, amelyek 2010-ben rendre 50 milliárd és 40 milliárd dollárral rendelkeztek. A GDP növekedése a 2000–2010 közötti időszakban évi 4,32% volt, az infláció hivatalos adata pedig -0,27% volt.[291]

[292] -Kadhafi ezredest a média „rettenetes diktátorként és vérszívó szörnyetegként" ábrázolta[293], de a valóság az, hogy Bengázi városát és környékét kivéve a lakosság 90%-a támogatta őt.[294]

---

[290] N.D.T.: franciául a szövegben.

[291] www.theglobaleconomy.ca

[292] Valódi rangja valójában hadnagy volt.

[293] http://embassy-finder.com/libya_in_kuwait_kuwait

[294] A NATO folyamatos bombázásai ellenére 2011. július 1-jén Tripoli egymillió lakosa (a 2,2 milliós lakosságból) gyűlt össze, hogy tüntessen Kadhafi vezető testvérük mellett.

Kadhafi által biztosított alábbi előnyök magyarázzák népszerűségének okait:

- Ingyenes oktatás.
- A hallgatók a tanult szakterületnek megfelelő átlagbért kaptak.
- A külföldön tanuló diákok lakást, autót és évi 2500 eurót kaptak.
- Ingyenes villanyáram.
- Ingyenes egészségügyi ellátás.
- Ingyenes lakhatás (a jelzáloghitelek tilosak voltak).
- Az ifjú házasok 60 000 dinárt (50 000 dollárt) kaptak ajándékba a kormánytól[295].
- Az autókat gyári áron, kamatmentesen értékesítették.
- A magánszemélyeknek kamatmentes hiteleket nyújtottak.
- Egy kenyeret 15 centért lehetett megvásárolni.
- A benzin literje 12 centbe került.
- A szénhidrogének értékesítéséből származó bevétel egy részét közvetlenül a polgárok bankszámláira utalták.
- A parasztok ingyenes földet, magokat és állatokat kaptak.
- Teljes foglalkoztatás volt érvényben, és azok, akik ideiglenesen munkanélküliek voltak, teljes fizetésüknek megfelelő összeget kaptak.

[295] 1 dollár = 1,20 líbiai dinár.

Muammar Mohammed Kadhafi – A Korán szigorú követője volt, aki minden formájú uzsorát eltörölt, és a Líbiai Központi Bankot a líbiai nép szolgálatába állította.

Kadhafi „népállama", a Jamahiriya gondoskodott arról, hogy az 5,79 millió lakosú ország gazdagsága igazságosan oszlik el a teljes lakosság között. Koldusok és hajléktalanok nem léteztek, a 75 éves várható élettartam Afrika legmagasabbja volt, és 10%-kal meghaladta a világátlagot. Az írástudási arány 82% volt. Az emberi jogok tekintetében Líbia a 61. helyen állt a Nemzetközi Börtönindexen. Minél alacsonyabb a pontszám, annál magasabb az arány. Az első helyet jelenleg az Egyesült Államok foglalja el.[296]

Kadhafi másik jelentős eredménye a Núbiai-medence Mesterséges Nagy Folyóvá történő átalakítása, amely naponta 6 500 000 m^3 ivóvizet biztosít Tripoli, Sirte és Bengázi városainak. A kitermelt víz tízszer olcsóbb, mint a sótalanított víz. A projekt teljes, 25 milliárd dollárra becsült költségét egyetlen külföldi kölcsön nélkül finanszírozták.

Bár Fehéroroszország, Burma, Kuba, Irán, Észak-Korea, Észak-Szudán és Szíria központi bankjai nem állnak

---

[296] S. Goodson, *The Truth About Libya*, 2011. április 4., http://rense.com/general/93/truth.htm

közvetlenül a Rothschild bankkartell ellenőrzése alatt, Líbia rendelkezett az egyetlen állami irányítású központi bankkal, ami a teljes foglalkoztatottság, a nulla infláció és a munkavállalók modern paradicsomának klasszikus tüneteit eredményezte.

Mindez arra késztet, hogy feltegyük a kérdést: mi indokolta a NATO beavatkozását olyan hamis emberi jogi jogsértések ürügyén, amelyek védelme állítólag a szervezet felelőssége lenne. 1971 óta, amikor az Egyesült Államok Szaúd-Arábia hallgatólagos beleegyezésével felhagyott az aranyalapú valutával és áttért a petrodollárra, minden kísérletet, amely az amerikai dollár mint domináns tartalékvaluta helyettesítésére irányult, megakadályoztak és erőszakkal ellenezték.

2000 novemberében Szaddám Huszein elrendelte, hogy minden szénhidrogén-tranzakciót euróban kell lebonyolítani, mivel nem kívánt tovább az „ellenség pénznemével" kereskedni.[297] Ahogyan az később bebizonyosodott, a tömegpusztító fegyverekkel kapcsolatos csalás csupán hamis ürügy volt, és valójában ez a monetáris döntés került Szaddám Huszein életébe és országának pusztulásába.

Hasonló körülmények között Kadhafi 2010-ben bejelentette egy aranydinár létrehozását, amelyen keresztül minden külföldi tranzakciót lebonyolítottak volna egy 200 millió lakosú régióban. Abban az időben Líbia 144 tonna aranyat birtokolt. A javaslat nem a gold *standardhoz való* visszatérést jelentette, hanem egy új mértékegység bevezetését az olajexport és más erőforrások tekintetében, amelyek aranydinárban kellett volna rendezni.[298] Kadhafi átlépte a vörös vonalat, és ezért a legmagasabb árat fizette.

2007 óta Irán követeli, hogy a fizetéseket euróban teljesítsék. 2008. február 17-én az Iráni Olajtőzsde elsősorban az eurót, az iráni rialt és egy nem amerikai valutákból álló kosarat használ a szénhidrogének, petrolkémiai termékek és gáz kereskedelméhez. Az új rendszer keretében az első

[297] *Time*, 2000. november 13.

[298] A Dinar-Or: A világgazdaság megmentése Kadhafi segítségével, www.globalresearch.ca, 2011. május 5.

olajszállítmányt 2011 júliusában értékesítették ezen a piacon. Ezt az eseményt kell tekinteni az Iránnal szembeni ismételt izraeli és amerikai fenyegetések fő okának.

VIII. FEJEZET

A BANKVÁLSÁG ÉS A CIVILIZÁCIÓ VÉGSŐ HANYATLÁSA

„Attól tartok, hogy az átlagpolgár nem örülne annak, ha tudná, hogy a bankok képesek pénzt teremteni és megsemmisíteni, és ezt ténylegesen meg is teszik. A forgalomban lévő pénz mennyisége csupán a bankbetétek és hitelek növekedésétől és csökkenésétől függ... és azok, akik egy nemzet hitelét ellenőrzik, irányítják a kormány politikáját, és a népek sorsát a tenyerükben tartják."[299]

– Reginald McKenna,
volt pénzügyminiszter.

TÖRTÉNELMI ÁTTEKINTÉS

A bankválságok általában három formában jelentkeznek: (i) egyetlen bank összeomlik a bizalom hiánya és a betétek tömeges kivonása miatt, (ii) bankroham, amikor több bank egyszerre megy csődbe, és (iii) amikor az egész rendszer összeomlik.

A 18. században a bankválságok azokra az országokra korlátozódtak, amelyek központi bankokkal rendelkeztek és uzsorát folytattak, nevezetesen Angliára, Hollandiára és Svédországra.

1710-ben a Sword Blade Bank, az Angol Nemzeti Bankkal versengve, a Sword Blade részvényeiért cserébe megszerezte az államadósság egy részét. A következő évben a Dél-tengeri Társaság hasonló műveletet hajtott végre, és 1720-ban a kormányzati adósság fennmaradó részét szerezte meg túlértékelt részvényeiért cserébe. A Dél-tengeri Társaság

[299] Az elnök beszéde a Midland Bank részvényesei előtt, 1924. január 25.

valójában csak egy üres héj volt, és nem is rendelkezett kereskedelmi vagyonnal rendelkező társaság volt. 1720. szeptember 24-én a Sword Blade Bankot felszámolták, és az év végére a Dél-tengeri Társaság részvényeinek értéke az egységenkénti 1000 fontról csaknem 90%-kal esett vissza.

1763-ban, a Hétéves háború (1756–1763) vége után a holland bankár, Leendert Pieter de Neufville által kibocsátott *wisselek*, azaz váltók nem voltak visszafizethetők, és rohamot váltottak ki a holland, német és svéd bankoknál.

1772 januárjában a londoni Neal, James, Fordyce és Down bankház, amely nagyszabású spekulációba bocsátkozott az Indiai Keleti Társaság részvényeinek shortolásával, csődbe ment, miután ügyfelei tömeges kivonásai miatt nem tudta fedezni veszteségeit. Huszonkét jelentős bankot és Skócia szinte összes magánbankját felszámolták. A válság hatása egészen Amszterdamig érezhető volt. Számos helyi bank likviditási válsággal küzdött, köztük a Clifford and Sons, amely csődbe ment.

Ettől kezdve szinte minden bankválságot a központi banki modell okozott, amely lehetővé teszi a magánbankok számára, hogy kamatozó adósság révén pénzt teremtsenek, majd azt megsemmisítsék, miután az adósság visszafizetésre került. Így az Egyesült Államokban az első két pánik, 1792-ben és 1796–1797-ben, az Egyesült Államok Első Bankja okozta, amikor szándékosan korlátozta a hitelhez való hozzáférést, hogy gazdasági összeomlást idézzen elő.

Hasonló pénzügyi katasztrófát és az azt követő depressziót 1819-ben a Rothschild tulajdonában lévő Second Bank of the United States tervezte meg és hajtotta végre, míg Angliát 1825-ben és 1847-ben szintén mesterséges pánik sújtotta. Az 1825-ös pánik során 66 bank kénytelen volt megszüntetni tevékenységét.

Egy másik bankpánik az Egyesült Államokban 1857-ben következett be, egy szervezett aranyhiány miatt, ami az Ohio Life Insurance and Trust Company csődjéhez vezetett. Ahogyan azt már a IV. fejezetben megjegyeztük, miután az

Egyesült Államokat 1873 januárjában kénytelenek voltak bevezetni az aranyalapú valutát, egyre gyakrabban és egyre intenzívebb bankpánikok sorozata vette kezdetét. Kevesebb mint nyolc hónappal később, ugyanazon év szeptemberében az Egyesült Államokat egy előre megfontolt recesszióba sodorta, amely négy hosszú éven át tartott.

Az ezt követő pánikok – 1884-ben, 1890-ben, 1890–1891-ben, 1893–1894-ben, 1897-ben, 1903-ban és 1907-ben – mind szándékosan voltak megrendezve, hogy az amerikai népet zavarba ejtsék és kétségbeesésbe taszítsák. 40 évnyi tervezett káosz, buborékok és tőzsdei összeomlások, valamint egy félrevezető médiakampány után a lakosság engedelmesen megadta magát, és 1913. december 23-án megvalósult a összeesküvő bankárok álma, hogy létrehozzák az Egyesült Államok Központi Bankját.

A Federal Reserve által kitervelt Nagy Világválságot[300] követően viszonylagos stabilitás uralkodott az 1990-es évekig, amikor egyre több ország szenvedett gazdasági válságoktól és pénzügyi nehézségektől. (Finnország, Svédország, Venezuela, Indonézia, Dél-Korea, Thaiföld, Oroszország, Argentína, Ecuador és Uruguay).

A 2007-ES BANKVÁLSÁG

A jelenlegi bankválság magvai akkor kerültek elvetésre, amikor 1999. november 12-én hatályon kívül helyezték az 1933-as Glass-Steagall-törvényt, amely megtiltotta a bankoknak pénzintézetek birtoklását, és elválasztotta a bankokat a befektetési társaságoktól. Az eredeti törvény kihirdetésekor Carter-Glass szenátor, az Egyesült Államok egykori pénzügyminisztere és a törvény egyik támogatója megjegyezte: „Fegyverrel egy ember kirabolhat egy bankot, de bankkal egy ember kirabolhatja az egész világot."

[300] 2002-ben, Milton Friedman professzor által Ben Bernanke-nek, a New York-i Federal Reserve akkori tudományos tanácsának tagjának feltett, a Nagy Világválságról szóló kérdésre Bernanke így válaszolt: „Ami a Nagy Világválságot illeti: igaza van, mi voltunk a felelősek érte. Nagyon sajnáljuk."

A Clinton-kormány mandátumának vége felé kijelentették, hogy mindenkinek joga van saját otthonhoz, és ennek érdekében a Lakásügyi és Fejlesztési Minisztérium létrehozott egy programot, az úgynevezett Nemzeti Lakástulajdon és az Amerikai Álom Stratégiai Partnerségét. Annak érdekében, hogy a lehető legtöbb tulajdonost vonzzák, a hitelhez jutás feltételeit jelentősen enyhítették, és a kormány 8 000 dolláros adókedvezményt biztosított a hitelfelvevőknek. Az első két évben vonzó kamatlábakat kínáltak, de ezeket lényegesen magasabb kamatlábak követték a későbbiekben.

Carter-Glass szenátor, akinek törvénye megtiltotta a bankoknak, hogy pénzintézeteket birtokoljanak, és elválasztotta a bankokat a befektetési társaságoktól. Ezt a törvényt 1999-ben hatályon kívül helyezték, ami pusztító következményekkel járt.

1998 és 2006 között az ingatlanárak 124%-kal emelkedtek, de két évvel később 20%-os esést regisztráltak. Az emelkedő árakkal ellentétben a lakhatás hozzáférhetősége csökkenő tendenciát mutatott. 1980 és 2000 között az átlagos lakásár és a háztartások medián jövedelme közötti arány 3 volt, de 2006-ra ez 4,6-ra emelkedett. A hitelkockázatokkal szembeni spekuláció céljából létrehozott hitel-csereügyletek (CDS) száma 1998 és 2008 között megsokszorozódott, elérve a 47 billió dollárt, ami 683 billió dollár névértéknek felel meg.

A Nobel-díjas **Frederick Soddy**, akinek a monetáris és bankrendszerről alkotott nézetei a fizikán alapulnak, rámutatott a folyamatos gazdasági növekedés hamis voltára.

Az ingatlanpiaci buborék fenntartása érdekében innovatív pénzügyi termékeket fejlesztettek ki, mint például a CDO-k (eszközalapú kötvények). Különböző visszafizetési potenciállal rendelkező ingatlanhiteleket értékpapírosítottak, és miután – mint később kiderült, csalárd módon – a hitelminősítő intézetektől megbízhatóságukat garantáló minősítéseket kaptak, ezeket a legtöbb esetben naiv befektetőknek adták el.[301]

Annak érdekében, hogy tovább fokozzák ezt a kapzsiság

[301] Ennek a csalásnak az egyik leglátványosabb áldozata a Norvég Kormány Olajipari Nyugdíjalapja volt, a világ második legnagyobb állami befektetési alapja, amely 2008-ban 90 milliárd dolláros veszteséget könyvelt el. Ez a veszteség gyakorlatilag semmissé tette az előző 12 év összes nyereségét. http://news.bbc.co.uk/2/hi/business/7961100.stm

kultúráját, az árnyékbanki szektor – amely magában foglalja a befektetési bankokat és a spekulatív alapokat, és amelynek teljes vagyona abban az időben több mint 100 billió dollárt tett ki – agresszíven forgalmazta ezeket a termékeket, annak ellenére, hogy 2007 júniusában az összes jelzáloghitel 39%-a nem felelt meg a hagyományos kibocsátói követelményeknek.

A buborék 2008. szeptember 15-én tört ki, amikor a Lehmann Brothers csődöt jelentett. Sürgős mentőcsomagot kértek, és a Kongresszus 700 milliárd dollárt szánt a Paulson-tervre, de ez csak a jéghegy csúcsa volt, mivel a Federal Reserve azóta több mint 16 billió dollár támogatást nyújtott hazai és külföldi bankoknak. Neil Barofsky, a Paulson-terv főfelügyelőjének „[302] " című emlékirata szerint a végső összeg meghaladhatja a 24 billió dollárt. Így nem meglepő, hogy a 2008–2013 közötti időszakban a Federal Reserve mérlege 500%-kal nőtt, elérve az 5 billió dollárt, mindezt azért, hogy a Ponzi-sémához hasonló mennyiségi lazítási programjával fenntartsa a fizetésképtelen bankszektort[303], míg hasonlóan a hat legnagyobb nyugati bank mérlege 336,4%-kal nőtt 2007 és 2012 között, 10,7 billió dollárról 14,6 billió dollárra.

OK-OKOZATI ÖSSZEFÜGGÉS

A pénzügyi válság következményei közepette megkezdődtek a látszólag megoldhatatlan probléma orvoslására irányuló kísérletek. 2010. július 21-én kihirdették a Dodd-Frank-törvényt és a fogyasztóvédelmi törvényt. Ezek számos szabályozási kötelezettséget tartalmaznak, amelyek célja a felelősségvállalás, a pénzügyi stabilitás és az átláthatóság előmozdítása. A törvény 200 oldala a jelzáloghitelek reformjával foglalkozik, és szigorúbb hitelnyújtási feltételeket, valamint a hitelközvetítők számára azt a kötelezettséget írja elő, hogy megbizonyosodjanak arról, hogy

[302] N. Barofsky, *Bailout: An Inside Account of How Washington Abandoned Main Street While Rescuing Wall Street*, Free Press, New York, 2012, 288. o. 2011 novemberében a New York-i Bard College Levy Economics Institute kiszámította, hogy a teljes mentőcsomag összege 29 billió dollárra rúgott.

[303] Charles Ponzi egy 20. század eleji amerikai csaló volt.

a hitelfelvevők képesek-e törleszteni adósságaikat.

A Bázeli Bankfelügyeleti Bizottság vezetői javasolták a tőkekövetelmények és a likviditási mutatók szigorítását abban a reményben, hogy ezek az intézkedések megerősítik a bankszektort. A szándék az, hogy ezeket 2019. március 31-ig mind bevezessék. Valószínű azonban, hogy ezek csak ellenkező hatást fognak elérni, mivel a pénzmennyiség további csökkenését idézik elő, ezzel tovább súlyosbítva a recessziót.

Amit a legtöbb bankár és közgazdász nem ért meg, az az, hogy a gazdaság megmentésének egyetlen rendelkezésre álló módja az, ha még egy kicsit jobban eladósodunk (kamatokkal), mivel az adósságon alapuló pénz az egyetlen csereeszközünk. Innen származnak azok a kitartó, de nevetséges mantrák, amelyek azt ismételgetik, hogy a növekedést minden áron fenn kell tartani, mert ha minden hitelt vissza kellene fizetni, a pénzmennyiség eltűnne, és kénytelenek lennénk árukat és szolgáltatásokat cserekereskedelem útján cserélni. A jelenlegi helyzetben tehát nem lenne túlzás a globális adósság eltörlése, ha a pénzmennyiséget egy olyan állami bankrendszerrel lehetne felváltani, amely adósság és kamat nélkül teremt pénzt.

Az a mélyebb ok, amiért a fejlett világ, amely korábban tartós és kiváló minőségű termékeket gyártott, részben deindustrializálódott, az, hogy a növekedési szindrómát táplálni kell, ezért a harmadik világ országainak folyamatosan közepes minőségű árukat kell gyártanak. Ez aláhúzza azt az abszurditást is, hogy Európának gazdasági növekedésre lenne szüksége, miközben a helyi népessége csökkenőben van. Ez a szándékos, beépített elavulásra és kényszerű növekedésre épülő politika káros hatással van a környezetre is. Amint azt az utolsó szakaszban meg fogjuk jegyezni, a fejlett világban a nők termékenységi rátájának csökkenése, amely a kizsákmányolás közvetlen következménye, a civilizáció kihalásához fog vezetni.

Összegzésként megállapíthatjuk, hogy a jelenlegi bankválság fő rejtett célja egy általános kétségbeesés érzésének keltése és a Világközponti Bank létrehozásának üdvözlése – hasonlóan ahhoz a helyzethez, amely az Egyesült Államokban uralkodott a tizenkilencedik században, amikor a Federal Reserve létrehozásának előkészítéseként mesterségesen bankpánikokat generáltak. Amikor a parazita bankárok elérik ezt a célt, kétséges, hogy addigra a őket tápláló gazda nem tűnik-e el.

A 21·SZÁZAD NAGY VÁLSÁGA

A folyamatosan növekvő adósságbuborék egyik fő oka a globalizáció és a szabadkereskedelem öngyilkos politikájában rejlik, amely az Egyesült Államok, az Egyesült Királyság és Európa már említett részleges deindustrializációját okozta. Az iparágak harmadik világbeli országokba történő áthelyezése a fejlett világ gyártási bázisának csökkenését, tartós strukturális munkanélküliséget és növekvő kereskedelmi egyenleghiányt okozott. Az összeomlóban lévő életszínvonal fenntartásának kísérleteként az érintett országok fogyasztói kénytelenek voltak egyre nagyobb mértékű magánadósságra támaszkodni. Így az Egyesült Államokban az 1980-as években 2,37 dollár magánadósságra volt szükség 1 dollár GDP-növekedés előállításához, az 1990-es években ez az összeg 2,99 dollár volt, a 2000-es években pedig drámai növekedés következett be: 5,67 dollárra emelkedett minden egyes dollár gazdasági növekedéshez – ez a szint hamarosan elviselhetetlenné válik.

Ezt a helyzetet még súlyosbítja az energia kitermelésének költségeinek emelkedése, más néven az energia-megtérülési arány (EROEI, „*Energy Returned On Energy Invested*"), amely gyorsan közeledik a kritikus ponthoz. A Tullet Prebon jelentése szerint[304] 1990-ben az energia elméleti költsége a GDP 2,43%-a volt,[305] 2010-re pedig szinte megduplázódott, elérve a GDP 4,7%-át. A prognózisok szerint 2020-ra eléri a GDP 9,6%-át, 2030-ra pedig a 15%-át. Ez az energiahaszon csökkenése, amely a bányászati és ipari szektor egész ágazatainak általános bezárását fogja okozni, és hatással lesz a mezőgazdaságra is, az életszínvonal nagyon jelentős csökkenését vetíti előre.[306]

---

304 T.M. Morgan, *Perfect storm energy, finance and end of growth*www.tullettprebon.com/Documents/strategyinsights/TPSI009PerfectStorm009.pdf

305 Frederick Soddy professzor állítólagos virágkora, amikor még nem jelentkezett az entrópia, ami ebben az esetben a viszonylag ritka nyersanyagok hiányát jelenti.

306 1960-ban gyakorlatilag az összes mezőgazdasági területet megművelték. 1950 és 1984 között például a világ gabonatermelése 280%-kal nőtt. A mezőgazdasági termelés növekedése azonban szinte teljes egészében a felhasznált műtrágyákon alapult. Megfelelő energiaellátás mellett az élelmiszertermelés szinte felére csökkenhetne.

Az energia kitermelésének növekvő költségei nem az egyetlen megpróbáltatások, amelyek az emberiségre várnak. Az elmúlt 100 év során a vízfogyasztás megnégyszereződött, és továbbra is növekszik. Jelenleg 1,6 milliárd ember szembesül vízhiánnyal, és egy 2014 júniusában készült amerikai jelentés szerint 2030-ra a globális vízkereslet 40%-kal meghaladja majd a rendelkezésre álló kínálatot.[307]

Mindezeket a makrogazdasági szempontokat azonban felülmúlja a fejlett világ születési rátájának csökkenése. A 20. század fordulóján a világ fehér lakossága 590 millió fő volt, ami az 1,65 milliárd fős teljes népesség 36%-át tette ki. Jelenleg a világ népességéből való részesedése 15%-ra csökkent. Két felesleges, testvérháború jellegű világháború, amelyet a uzsorás rendszer fenntartása érdekében robbantottak ki, okozta ezt a katasztrofális hanyatlást.

A termékenységi rátát bemutató alábbi táblázat[308] rámutat arra a szinte matematikai bizonyossággal rendelkező elkerülhetetlenségre, hogy 2100-ra a fehér népek többsége és az északkelet-ázsiai népek jelentős része eltűnik.

Nigéria	5,32
Pakisztán	3,52
Egyiptom	2,89
Banglades	2,83
India	2,81
Indonézia	2,18
Mexikó	2,21

[307] http://theeconomiccollapseblog.com/archives/25-shocking-facts-abouttheearths-dwindling-water-resources

[308] www.en.wikipedia.org/wiki/List-of-sovereign-states-and-dependentterritories-by-fertility-rate

A fenti születési ráta táblázat első oszlopa felsorolja az összes olyan országot, amelynek népessége meghaladja a 100 millió főt, míg a következő táblázat a többségében fehér lakosságú országokat, valamint a távol-keleti nemzeteket sorolja fel. A népesség pótlásához szükséges termékenységi ráta 2,11.[309] Így a fehér, kínai és japán népesség három generáció alatt jelentősen megfogyatkozik,[310] és ha a születési ráta nem emelkedik jelentősen, akkor a kihalás veszélyével kell szembenézniük.

USA	2,05
Egyesült Királyság	1,94
Brazília	1,90
Franciaország	1,89
Ausztrália	1,79
Svédország	1,67
Kína	1,55
Kanada	1,53
Németország	1,41
Spanyolország	1,41
Olaszország	1,38
Oroszország	1,34

[309] A világ átlagos termékenységi rátája 2,55, de nehéz megállapítani, hogy ezt a számot aritmetikailag vagy súlyozott átlagként számították-e ki.

[310] Jelenleg az átlagos életkor, amikor egy nő megszüli első gyermekét, 30 év, míg 40 évvel ezelőtt ez az életkor 25 év volt.

Japán	1,27
Dél-Afrika	2,64 A fehérek termékenységi rátája 1,5.

A fenti táblázatból ki kell emelni, hogy egy 1,3-as termékenységi ráta 80–100 évbe telik, mire megfordul, ami szinte lehetetlen; míg történelmileg egy 1,9-es termékenységi ráta még soha nem fordult meg. Ezenkívül a fehér népesség csökkenésének súlyosságát elrejti az a tény, hogy ezekbe a számokba beletartozik a magasabb termékenységi rátával rendelkező nem fehérek nagy része is.

A fehérek aránya a következő főbb országokban a következőképpen alakul:

Brazília	48
Németország	88[311]
Egyesült Királyság	86[312]
Ausztrália	85
Franciaország	85
Oroszország	81
Kanada	80
Egyesült Államok	65[313]

Sok reményt fűznek Kínához a világgazdaság megmentése érdekében, de a Hongkongot (7 millió lakos) körülvevő területek termékenységi rátája 0,97, míg Tajvané (23,3 millió lakos) 1,10, ami egyértelműen csökkenő tendenciát mutat, és arra utal, hogy a kontinentális Kína is hamarosan elérheti ezeket a születési arányokat, ahogy életszínvonala tovább emelkedik. A kínai születési arányok csökkenését elősegíti a kínai kormány 1979 óta alkalmazott egygyermekes politikája is. Kínában 2025-re a népesség növekedésének megállására

[311] A német statisztikai hivatal, a Destasis adatai szerint a 80,2 millió fős német népességből 15 millió, azaz 19% nem német származású. A népszámlálást 2011. május 9-én végezték.

[312] *Heritage and Destiny*, The Changing Face of a Disunited Kingdom, Preston, Anglia, 2013. március–április, 3. o.

[313] M. Merlin, *Our Vision for America*, A2Z Publications LLC, Las Vegas, 2012, ix.

számítanak.

A második világháború óta a nyugati világban egyre több házas nő, akiket a feminizmus és a nemek közötti egyenlőség káros propagandája megtévesztett, kénytelen volt munkát keresni, hogy családjuk képes legyen kifizetni a megélhetéshez szükséges, egyre növekvő kamatokat. Ezen kamatok nagy része jelzáloghitelekből származik, vagyis olyan pénzből, amelyet a bankok a semmiből teremtettek. Ennek az igazságtalan pénzügyi rendszernek a közvetlen következménye a normális családi élet tönkretétele és a nők termékenységének drámai csökkenése volt. Aaron Russo szerint a Rockefeller család állt e gonosz terv mögött, amelyet azért hoztak létre, hogy a nőket bevonják a jövedelemadó hálójába, destabilizálják a társadalmat és létrehozzák az Új Világrendet.[314] Így tehát tagadhatatlan összefüggést állapíthatunk meg a uzsora és a népességcsökkenés között. Még ha az uzsorás rendszert öt vagy tíz éven belül teljesen eltörölnék is, ezek a tendenciák rövid vagy középtávon nem lennének könnyen visszafordíthatók. Ha az uzsora fennmarad, akkor a világnak fel kell készülnie egy, a Sötét Korhoz hasonló, évszázadokig tartó depressziós időszakra.

Az előző fejezetekben meggyőzően bebizonyosodott, hogy az állami bankrendszer és a szuverén nemzet pénzkibocsátása az egyetlen eszköz a természetes rend biztosítására, amely garantálja a harmóniát, a békét és a jólétet, minden nép etnikai függetlenségén alapulva.

A számos technológiai fejlődés ellenére az elmúlt 300 év a nyugat-európai civilizáció fokozatos hanyatlását hozta magával. A hatalom és a vagyon túlzott koncentrációja, amely kizárólag tisztességtelen banki módszereken alapul, lehetővé tette egy kis bűnöző bankárokból álló klikk számára, hogy ellenőrzése alá vonja a médiát és az oktatási rendszert, és így agymossást végezzen egy olyan emberiségen, amely éppoly széttagolt, mint gondolkodásra képtelen, és amelyet a

[314] Lásd https://www.youtube.com/watch?v=IdM8UN2aG_E, ahol a néhai Aaron Russo, a Külkapcsolatok Tanácsának tagja, Nicholas Rockefeller barátja, azt is elárulja, hogy Gloria Steinem *Ms. Magazine* című magazinját a CIA finanszírozta.

demokrácia és a materializmus felszínes kényelme tévesztett meg, miközben vad és felesleges háborúk orgiájába merül, kizárólag azzal a céllal, hogy fenntartsa azt a központi banki rendszert, amely a kulturális hanyatlást szervezi, és egyenesen a saját demográfiai kihalásunk felé vezet minket.

FÜGGELÉK

Abraham Lincoln elnök levele

E. D. Taylor ezredesnek

Chicago

Illinois

1864. december

E. O. Taylor ezredes,

Már régóta elhatároztam, hogy nyilvánosságra hozom a greenbackek (zöld bankjegyek) eredetét, és a világ előtt kijelentem, hogy azok Dick Taylor alkotásai. Ön mindig barátságot tanúsított irántam a nehéz időkben, amelyeken keresztülmentünk, és bár vállam széles és akaraterejű, gyengültem, és olyan kedvezőtlen körülmények vették körül, hogy nem tudtam, kihez forduljak. Aztán, egy szélsőséges helyzetben, azt mondtam magamnak: „Hívassuk ide Taylor ezredest; ő majd tudja, mit kell tenni." Úgy emlékszem, 1862 januárjában, 16-a körül döntöttem így. Ön csatlakozott hozzám, és megkérdeztem: „Mit tehetünk?" " Erre azt válaszolta: „Miért ne bocsátanánk ki kamatmentes kincstári bankjegyeket, a legjobb banki papírra nyomtatva? Bocsássunk ki eleget a katonai kiadások fedezésére, és tegyük azokat törvényes fizetőeszközzé." " Chase úgy vélte, hogy ez kockázatos kezdeményezés, de végül megvalósítottuk, és a köztársaság népének a legnagyobb áldást adtuk – saját papírpénzt, amellyel saját adósságukat fizethetik. Neked köszönhetjük ezt, a mai zöld bankjegy atyjának, akit a népnek ismernie kellene, és hatalmas örömömre szolgál ezt közzétenni. Hányszor nevettem önön, amikor azt mondta, hogy túl lusta vagyok ahhoz, hogy más legyek, mint ügyvéd.

Tisztelettel,

A. Lincoln.

Ezt a kézzel írt levelet 1888. február 10-én az Egyesült Államok 50·kongresszusa hitelesítette és dokumentálta.

A **Federal Reserve** bankjegye – plutokrata pénznem, amelyet az amerikai Federal Reserve magánbank bocsátott ki.

Amerikai bankjegy – A kormány által kibocsátott valódi pénznem, amely 1862-től 1994-ig volt forgalomban. 1963. június 4-én John F. Kennedy elnök kiadta az 11110. számú végrehajtási rendeletet, amely utasította a Pénzügyminisztériumot, hogy nyomtasson 4 milliárd dollár értékben 2 és 5 dolláros bankjegyeket, amelyek egyik példányát a fenti ábra mutatja. Ezeket a bankjegyeket, amelyek fedezetét a Pénzügyminisztérium széfjeiben lévő ezüstkészletek adták, adósság és kamat nélkül bocsátották ki; a pénzverési jogból származó bevétel nem a magánkézben lévő Federal Reserve-hez, hanem az Egyesült Államok kormányához került. Ez a kibocsátás Kennedy hosszú távú tervének része volt, amelynek célja a Federal Reserve hatalmának csökkentése volt. 1963. november 22-én Kennedy-t Dallasban, Texasban lelőtték, állítólag Rothschild által megbízott merénylők.

MATTHEW JOHNSON KRITIKÁJA

Az egyik legnehezebb dolog, amit az amerikai egyetemistáknak meg kell magyarázni, az, hogy a kapitalizmus és a kommunizmus több közös vonással rendelkezik, mint amilyennek látszik. Valójában bárhogy is próbáljuk elmagyarázni, mindig az a régi mantrája érvényesül, hogy a kettő „ellentétes". Sőt, még ennél is rosszabb, hogy a diákoknak és megdöbbent szüleiknek elmagyarázni, hogy az amerikai bankrendszer és ipari konglomerátumok finanszírozták a szovjet vörös forradalmat, és teljes egészében felépítették a szovjet ipari gépezetet, szintén olyan reménytelen és bosszantó feladat.

Mindezt egyszerűen úgy lehetne megfogalmazni, hogy a modern bankárok számára az egész gazdaság egyetlen helyről történő állami irányítása jelenti a paradicsomot. Csak egy terv, egy bankrendszer és egy szociális rendszer létezik; ez azt jelenti, hogy a bankok csupán továbbítják a pénzt, miközben arra várnak, hogy az állam – és nem a gazdaság mint olyan – fizesse meg nekik a szükséges kamatokat. Más szavakkal: a tervgazdaság az, amely a bankok számára a legvonzóbb képet mutatja. Nem szükséges megállapítani a magánbankok és az állami gazdaság közötti kapcsolatokat. Egy bankár számára ugyanolyan egyszerű a Pártnak dolgozni, mint a Goldman-Sachsnak.

A kapitalizmus és a szocializmus a materializmuson alapul. A termelést és a hasznosságot tekintik jónak, a módszerek hatékonyságát pedig az etikai megfontolás *elengedhetetlen* feltételének. Mindkét rendszer technológiaorientált, lineáris történelemszemléletet vall, és az emberi élet minden aspektusának gépesítésére törekszik. Fejlődésük során a gazdasági rendszer és az állam egyetlen gépezetbe olvad össze. A libertáriusok hibája mindig is az volt, hogy azt hitték, az állam és a magántőke ellentétben állnak egymással. Pedig éppen az ellenkezője igaz. A tőke nagy koncentrációja mindig szorosan kapcsolódik az államhoz, amelyet egyszerre használnak biztosítékként és szabályozóként, hogy jelentősen korlátozzák a piacra való belépést. -es és 2012-es győzelme a

Microsoft ellen az Igazságügyi Minisztériummal szemben jól mutatja a magántőke és az állam közötti erőviszonyok egyensúlytalanságát. Ez távoli témának tűnhet egy bankrendszerről szóló tanulmányhoz képest. Egy tipikus politikai közgazdász professzor számára valóban az is. De azok számára, mint például Goodson úr, akik hosszú évekig a Dél-afrikai Központi Bank igazgatótanácsának tagjai voltak, az elszigetelten vett akadémiai nézőpont abszurdnak tűnik. Goodson úr minden, csak nem elszigetelt volt, és szemtanúja volt annak, ahogy a hatalmas bankkonglomerátumok világszerte szoros ellenőrzés alá vonták a gazdasági életet. Kiváltságos tanúja volt ennek.

Ez a könyv nem gazdasági technikákról szóló tanulmány. Szerencsére történelmi tanulmányról van szó. Goodson felismeri azt, amire a legtöbb közgazdász képtelen: hogy egy gazdasági jelenség megértéséhez azt évtizedek történelmi fejlődésének eredményeként kell tekinteni. A rendszer minden egyes eleme folyamatosan erősíti az átfogó képet, és a rendszer maga is, akár egy élőlény, folyamatosan fejlődik, ahogy a történelem új kihívásokat, új terveket és új áldozatokat hoz.

Más szavakkal, a bankok titkos élete nem csupán egy Georgia partjainál fekvő szigeten összegyűlt férfiak csoportjának akaratának eredménye. Ők maguk is egy olyan történelmi áramlat szereplői voltak, amely a korai mezopotámiai civilizációkig nyúlik vissza, és Rómában érte el csúcspontját. Az a tény, hogy az egész mindig ugyanazokra az értékekre épült, függetlenül attól, hogy melyik civilizációban gyökerezett, annyira lenyűgöző, hogy alapos elemzést érdemel. Azonban, tekintettel egy ilyen őszinteség politikai következményeire, Goodson úrnak le kellett mondania, mivel az intézményi világból alig néhányan vennék a fáradtságot, hogy megemlítsék munkáit, nemhogy azokhoz csatlakozzanak.

Van egy történelmi állandó, amely egyértelműen kiemelkedik ebből a tanulmányból: hogy a monarchia és a republikánus rendszer közötti alapvető különbség (általánosságban) gazdasági jellegű. A köztársaságok általában oligarchiák, vagy legalábbis magukban hordozzák azok csíráit. A monarchiák, mivel állandó háborúban állnak saját nemességükkel, gyakran elutasítják az oligarchia gyanúját. Legyen szó a kínai vagy a belorusz nemzeti szocialista pártról, a szentpétervári királyi bankról vagy az augusztini korszak centralizált diktatúrájáról, minden erős állami beavatkozás háborút folytatott a banki monopólium ellen. Egyetlen autoriter vezető sem fogadta el soha egy mindenható gazdasági közvetítő riválisát. Természetesen vannak kivételek mindkét oldalon, de a történelem egyértelműen bizonyítja, hogy az erős államok, azok, amelyek a hagyományos hatalmon alapulnak, elutasítják a pénz és az uzsora alkímiáját.

Róma

Cicero idején Róma már gyorsan eltávolodott a szenátusi oligarchiától, és Sulla és utódai katonai birodalma felé tartott. A polgárháborúk pora leülepedése után azonnali hatással járt a pénzverés és a uzsora ellenőrzése. Julius Caesar igyekezett a kamatfizetést havi 1%-ra korlátozni, és a történelemben ritkán látott populista lendülettel betiltotta a kamatok összetett kamatozását. Ráadásul a felhalmozódott kamat soha nem haladhatta meg az eredeti tőkét.

Bizáncban, a Kelet-Római Birodalomban a kamatokat hivatalosan 5%-ra korlátozták, amit vagy elfogadtak, vagy elutasítottak, de ezt csak erőskezű császárok uralkodása alatt lehetett fenntartani. Például II. Baszileiosz elutasította a kamatokat, és a gazdag földbirtokosokat arra kényszerítette, hogy segítsék a szegény parasztokat. Hatalma, bár népi volt, általában arisztokratikus ellenállásba ütközött, amely bábcsászárokat helyezett hatalomra Konstantinápolyban. Egy ilyen rendszer alatt azonban Kelet-Róma élénk és népszerű gazdasággal rendelkezett. Pénzneme általános mércéül szolgált olyan távoli vidékeken is, mint Kína. A parasztok szabad földbirtokosok voltak, és a feudalizmus nem létezett. Infláció sem volt, és a virágzó kereskedelem mindig a tőkét részesítette előnyben. Ez az oka annak, hogy az oligarcha államok – mint Velence, Dubrovnik és a szicíliai normann betolakodók – szüntelenül finanszírozták Róma ellenségeit.

1204 után, amikor a normann keresztesek elfoglalták Konstantinápolyt, a velencei oligarchák uralma érvényesült. Miután feladták pénzügyi autonómiájukat a rendszeres velencei pénzbefecskendezésekért cserébe, a 14. és 15. századi császárok halálra ítélték Bizáncot. Miután elvesztette minden gazdasági függetlenségét, és látta, hogy a kelet hatalmas gazdagsága elúszik az Olaszországnak fizetendő kamatokban, Bizánc végül 1453-ban összeomlott egy Olaszország által finanszírozott török invázió alatt. Velence Törökország feltétlen szövetségese lett.

Itt nincs gazdasági rejtély. Ahol a uzsorát szigorúan ellenőrzik, ott nem létezik a vagyon folyamatos elszivárgása és a bankközpontokba való felhalmozódása. Ez a pénzügyi vérzés azt jelenti, hogy az érték ott marad, ahol lennie kell: a kisvállalkozók és a kisbirtokosoknál. A kamatok matematikai emelkedése nélkül a mai munka egy egyszerű része elegendő volt a monetáris stabilitás, a szükséges ellátás és egy olyan nemesség fenntartásához, amely kénytelen volt az államot szolgálni, ahelyett, hogy kihasználná azt. A modern uzsorarendszerben a centralizáció elkerülhetetlen, mivel a kamatos kamatok folyamatosan felszívják az összes hozzáadott gazdasági értéket, hogy aztán a klikk széfjeiben halmozódjanak fel.

ANGLIA

Anglia sem volt más. A normann invázió előtt az angolszász Anglia – még a viking támadások után is – pénzügyi aranykorát élte. Itt is a kisvállalkozók voltak a jellemzőek, a városi kereskedelem alacsony árakat tartott fenn, és a likvid tőke hiánya megakadályozta a centralizációt. Egy ilyen rendszerben a feudalizmus nem létezhetett. A uzsorát Offa Nagy uralkodása alatt Mercia tartományban betiltották, és Alfred, „ ” (a Nagy) kétségbeesett kísérlete a hatalom Wessexben történő központosítására a dánok ellen szintén arra késztette, hogy elutasítsa a banki klikk „szolgáltatásait”. Az olasz bankok azonban nagyon érdekeltek voltak a Hódító Vilmos által az angolszászok fellegvárának ellen tervezett támadásban, valamint abban, hogy megszüntessék a skandináv befolyást Angliában. Mögötte egy kis sereg állt, amely rabszolgakereskedő zsidókból, velenceiekből és római bankárokból állt. A uzsora egy ideig engedélyezett volt a normann hegemónia alatt. A korábbi angol arisztokráciát lemészárolták, és I. Gylfith Conqueror új nemességet hozott be, amely szoros kapcsolatokkal rendelkezett Olaszországgal. A feudalizmus így tett szert első megjelenésére angol földön. Több évszázaddal később Írországnak is meg kellett ismernie a normann haladás előnyeit.

Ez a fejlődés I. István király idején egy olyan bankrendszer létrehozásához vezetett, amely átlagosan 33%-os kamatot számított fel a jelzáloggal terhelt földekre és 300%-ot a tőkére. Két generáció alatt az angol földek több mint 66%-a zsidó és olasz bankárok kezébe került. Ez magyarázhatja a Plantagenet-birodalom állandó igényét, hogy egyre több francia földet ragadjon magához.

Így alakult a normann Anglia sorsa I. Eduárd uralkodásáig (1307), aki a bizánciak példáját követve (ahol sok angolszász szolgált 1066 után) szigorúan korlátozta a kamatokat és azok felhalmozódását. A bankárokat kiutasítva egy virágzás korszakát indította el, amelyet sajnos a pestis rövidre zárt. Nem véletlen, hogy éppen akkor, amikor Bizánc feladta szuverenitását Velence javára cserébe a haditengerészet használatáért, Anglia ellentétes irányba indult Olaszország és Róma ellen.

I. Eduárd uralkodásától a nagy pestisig Anglia virágzott. A munkaév 14 hetet foglalt magában, ami elegendő időt jelentett a legszükségesebb dolgok biztosításához. Az egyházi naptár Nyugat- és Kelet-Európában évente 100–140 nap szabadságot írt elő, a vasárnapokat és a húsvét utáni időszakot nem számítva. Természetesen a kapitalizmusnak könyörtelen háborút kellett folytatnia az egyház ellen, és a protestáns szankciót kellett keresnie a szent napok eltávolítására a naptárból. A kisbirtokosok uralma visszatért, először Edward a Gyóntató óta. Sajnos ez nem volt az utolsó. A reformáció, miután Luther befolyása hanyatlani kezdett, más elképzelései voltak a pénzről.

Miután VII. Henrik a Rózsák háborúja után stabilizálta Angliát, visszatért a bankok felemelkedésének ideje. A reformáció és VIII. Henrik erkölcstelensége szolgáltatta a szükséges ürügyet. A reformáció a Stuartok kísérlete volt a hatalom központosítására, miután a régi nemesség tagjai egymást lemészárolták. A kolostori birtokokat világi tulajdonba vették, kialakult a földpiac, és a távoli kereskedelem finanszírozása prioritássá vált. VII. Henrik egy hatalmas hagyományos állam utolsó lehelete lett. VIII. Henrik, VI. Eduárd, majd Erzsébet idején egy új oligarchia vette át a hatalmat, amelynek a monarchia pompájára volt szüksége álcának. Amint magabiztosabbá vált a szerepében, hamarosan szükségét érezte Vilmos Orániai segítségére, hogy igazolja létezését.

Spanyolország, miután végre visszaszorította az iszlámot, megpróbálta megszabadulni a szefárd zsidóktól, a muszlim kalifátus hagyományos szövetségeseitől. A spanyol nacionalizmus szerves részét képezte az egyháznak és az államnak, mindkettő számára a megtisztulás és a megújulás hordozója volt. Amszterdamba költözve a szefárd zsidók újjáépítették banki központjukat, létrehozva egy négy pilléren nyugvó befolyási „bázist": a balti gabonakereskedelmet, az amszterdami bankokat, Konstantinápolyt, a török piacot és a legfontosabbat, Lengyelországot. Ez a modernitás felé vezető áramlatot jelentette, mivel a gabona ára az Nyugaton az egekbe szökött, kényszerítve a Keletet, hogy egyre többet exportáljon.

Erzsébet uralkodása alatt, és minden bizonnyal az angol forradalom alatt és után is Spanyolország volt az ellenség. A katolikus Írország spanyol segítséget kért a gaelek angolok általi kifosztása ellen, amit Cromwell genocídiumhoz hasonló keménységgel büntetett meg. A fémpénz importja az Újvilágból Spanyolországon keresztül fenyegette a bankok uralmát. A bankrendszer finanszírozta a holland „ " lázadást a spanyolok ellen, miközben a világsajtó nem kímélte a túlzó retorikát, hogy elítélje a spanyol hadsereg jelenlétét Észak-Európában. A banki elit brit ellenségei is Spanyolország felé fordultak esetleges segítségért.

Miután I. Károlyt 1645-ben legyőzték, és Cromwell 1653-ban

katonai diktatúrát vezetett be Angliában és Írországban, a bankrendszer ezzel megsemmisítette ellenségeit és biztosította helyét. Winchester békés elfoglalása Vilmos Orániai által 30 évvel később azt jelentette, hogy a bankároknak most már Anglia is a rendelkezésükre állt, hogy azt Franciaország és Spanyolország ellen használják fel. Senkit sem lep meg, hogy a jakobiták annyi időt és energiát fordítottak a bankárelit támadására, amely olyan hevesen ragadta magához a hatalmat. Sem I. Jakab, sem II. Jakab nem hitt az „isteni jogban", és nem is akarták diktatúrát rákényszeríteni. Csak Cromwell törekedett erre a megtiszteltetésre. A Jakabokat mégis minden lehetséges bűncselekménnyel vádolták. Jakab a vallási toleranciát hirdette, nem pedig egy „spanyol teokráciát", ahogyan azt a whigek később állították. A Whig-párt a uzsora rendszerét védte, és mint ilyen, mindig is az a politikai mozgalom volt, amely a leghevesebben törekedett a háborúra Franciaországgal, Spanyolországgal és esetleg Oroszországgal.

A parlament, amely mára a kapitalizmus és a birodalom eszközévé vált, a legcsekélyebb ürügyet is kereste, hogy bosszút állhasson Spanyolországon. A „demokráciát" és a „nép akaratát" egyenlőnek tekintették a kereskedők és a kereskedőosztály érdekeivel. Anglia oligarchiává vált. A katolikus uralkodóknak örökre meg kellett tiltani a londoni uralkodást, függetlenül attól, hogy James mennyire vágyott a vallási semlegességre. Vilmos franciaországi háborúját az amszterdami banki körök finanszírozták, amit Vilmos Orániai maga is nyíltan elismert, amikor megpróbált házasságot kötni egy gyermektelen Stuart-tal.

UKRAJNA ÉS LENGYELORSZÁG

Bizonyára nem véletlen, hogy Cromwell uralkodása és az ír ellenállók, valamint az angol jakobiták lassú kiirtása egybeesett azzal, hogy a zsidó „kereskedelmi övezet" másik „pólusán" kialakult az ellenkező irányú mozgalom. A nyugati népesség növekedése, valamint az államok fokozatos centralizálódása a gabonakereslet növekedéséhez vezetett. Ez többek között azt jelentette, hogy a nemességnek fokoznia kellett a parasztok jobbágyságát, és a termelés nagyobb részét kellett exportra fordítania.

A lengyel nemesség a zsidóknak adta a szárazföldi kereskedelem, a városi élet, a bérleti piac és az alkohol monopóliumát. Az ukrán történelem hivatalos forrásai mind kénytelenek ezt elismerni. A tehetetlen lengyel monarchia – másutt is így történt – a városokkal kötött szövetség révén próbált visszaszerezni a hatalmat. Ezt fenyegetésnek tekintve a lengyel nemesek megakadályozták ezt azzal, hogy befogadták a kazár zsidókat, akik évszázadokkal korábban, Olaszország bukása után új hazát kerestek. Nemcsak hogy megtalálták azt, de hivatalos hatalmuk és sikereik olyan mértékűek lettek, hogy a rabbik állításai, miszerint a 17·század egy „messziás-korszak" volt, nagyon elterjedtek. Valójában ez a dobpergés azt hirdette, hogy a Megváltó ideje közeledik. Ehelyett a kozák hetman, Bogdan Khmelnytsky felkelését kellett elszenvedniük. Khmelnytsky felkelése Cromwelléval ellentétes volt. A kozákok egy régóta fennálló oligarchia ellen harcoltak, míg Cromwell egy ilyen oligarchia létrehozására törekedett.

Khmelnytsky 1648-as hatalomra kerülése volt az egyetlen esemény, amely örökre meghatározta az ukrán nacionalizmust. Semmi sem volt már olyan, mint korábban. Lengyelország a összeomlás szélére került. A zsidóknak menekülniük kellett, hogy megmentsék az életüket. A krími tatároknak sikerült kiszabadulniuk a török uralom alól. Róma pánikba esett, mert templomait, amelyeket régóta a uzsorával társítottak, a kozákok felgyújtották, emlékezve arra, hogy azok építése egy évszázaddal korábban az ortodox templomok romjain történt. A reformáció hatása alatt még mindig tántorgó Róma most már a keleti területek elvesztésével is szembesült. Paisios jeruzsálemi pátriárka Hetman Khemlnytsky-t „minden Oroszország uralkodójának" szentelte fel. Oroszország, Bécs, Poroszország és Párizs most már képesek voltak hatalmukat központosítani és szembeszállni Rómával. Oroszországnak különös sérelmei voltak Rómával szemben, mivel a pápaság hirdette meg 1256-ban a keresztes hadjáratot Észak-

Oroszország ellen, finanszírozta a mongol terjeszkedést, és a lengyelek Ukrajna elleni támadását „szent háborúnak" minősítette. Míg Párizs és Bécs katolikus maradt, ez egy nemzeti katolicizmus volt, ahol a korona, és nem Róma kezdte el kiválasztani az érsekeket. Ez nem tarthatott sokáig.

Róma elintézte, hogy a krímiak elforduljanak az ortodox szlávoktól. Herman Khmelnytsky 1657-es halála a kozák hadsereg megosztottságához vezetett a hetmanok és a Dnyeper két partja között. Ivan Vyhovsky és Pavlo Teteria hetmanok lengyel szövetséget kerestek, Briukhovetsky keleten Moszkva felé fordult, Doroshenko pedig kétségbeesésében a törökökhöz ment. 1708-ban Ivan Mazepa hetman a svédekhez fordult. Katasztrófa következett, és az ukrán történészek ezt az időszakot „romlásnak" nevezik.

Ahogy Oroszország egyre közelebb került a Dnyeperhez, Bécs aggódni kezdett Kelet-Európa (beleértve a Balkánt is) nagy részének esetleges oroszosodása miatt, és erőfeszítéseit ennek megakadályozására összpontosította. Miután visszanyerte némi mozgásterét, Lengyelország visszatért korábbi stabilitásához, és a nemesség visszatért az országba. Egy évszázaddal később a haidamák kozák lázadása a gondolhatatlanhoz vezetett: a Lengyelország és Oroszország közötti „örök barátságról" szóló szerződés (azaz az andrusovói fegyverszünet, 1667) Ukrajnát két különálló birodalomra osztotta. A haidamák lázadását Moszkva és Krakkó összehangolt erőfeszítései levertek, és minden pontosan olyan lett, mint 1648 előtt.

Akárcsak Angliában, a kozák uralom alatt a társadalom megyékre oszlott, amelyeket olyan helyi demokrácia irányított, amely teljes mértékben elutasította a uzsorát. A tipikus következmények nem maradtak el: a hagyományos szláv közösségek újjáéledtek, és ez politikai és gazdasági stabilitást eredményezett. A Szentpétervár által finanszírozott kozák arisztokrácia lassú támogatása egy olyan oligarchia kialakulásához vezetett, amely II. Katalinnak a 18·század közepén könnyedén lehetővé tette a hetmanátusok végleges felszámolását.

AZ EGYESÜLT ÁLLAMOK

Az USA decentralizált gyarmatai általában virágzóak voltak. A bőséges földterületek, a kiváló kikötők és az erős úttörő szellem szinte a semmiből hoztak létre egy fejlett világot. Amikor Benjamin Franklin-t ezekről a jelenségekről kérdezték, a következő híres megjegyzést tette:

> „Ez nagyon egyszerű. A gyarmatokon saját pénzt bocsátunk ki. Ezt gyarmati bankjegynek hívják. Az ipar és a kereskedelem igényeinek arányában bocsátjuk ki, hogy megkönnyítsük a termékek átjutását a termelőktől a fogyasztókhoz. Így, mivel magunk hozzuk létre a saját papírpénzünket, mi irányítjuk a vásárlóerőt, anélkül, hogy bárkinek kamatot kellene fizetnünk." (Benjamin Franklin, London, 1763)

A szörnyű Alexander Hamilton kivételével az amerikai atyák, bár szinte minden más kérdésben megosztottak voltak, a bankok ügyében egyetértettek. Ez egy gyűlölt terület volt. A dollár értéke 1917-ig stabil maradt. A polgárháború óta tartó buborékok és válságok ciklusa, a szövetségi hatalom hatalmas növekedése, az első világháború és az amerikai birodalom kialakulása azonban elősegítette a magánkézben lévő Federal Reserve létrehozását az Egyesült Államokban. (A „szövetségi" kifejezést ebben az esetben a „Federal Express" kifejezéshez hasonlóan kell érteni).

A tény az, hogy az antiföderalisták félelmei megalapozottak voltak: a washingtoni amerikai kormány rendkívül hatalmassá, arrogánssá vált, és teljesen elszakadt az amerikai „ "-től. Hosszú ideig egy kezdetleges oligarchia befolyása alatt állt, amely hamarosan a Fed, a Rockefeller-birodalom, a Carnegie-kultusz és a spanyol-amerikai háborúban, valamint az első világháború utolsó hónapjaiban kipróbált háborús állapot formáját öltötte.

1914 és 1920 között az árak 125%-kal emelkedtek, ahogyan azt Goodson oly jól leírja. A dollár hat év alatt csaknem 60%-ot veszített értékéből. A szövetségi kincstárjegyek értéke ugyanakkor 20%-kal zuhant, ami azt eredményezte, hogy a régi kincstárjegyek drágábbak lettek. A bankok azonban az új, olcsóbb kincstárjegyek visszafizetését követelték, ami természetesen azt jelentette, hogy a pénzt be kellett fizetni.

További instabilitást okozott, amikor a vasúti és egyéb közlekedési árak az egekbe szöktek. A kis gazdaságok, amelyek egykor az amerikai jólét gerincét képezték, lassan gazdaságilag életképtelenné váltak, mielőtt végleg eltűntek. Ez a gyakorlatban a vagyon hatalmas áramlását jelentette a vidékről a városokba. A mezőgazdasági termelés 50%-kal zuhant. A háború a vidéki Amerikában kikiáltásra került, és még nem ért véget. A hiányt hamarosan az agráripar pótolta, amit a hitelek központosítása tett lehetővé, amelynek célja a nagyobb konglomerátumok finanszírozása volt, mivel azokat biztonságosabbnak tartották, mint a kis szervezeteket.

1927-ben a Fed csökkentette kamatait, és ezzel növelte a pénzmennyiséget. De ez volt a „őrült évek" korszaka, egy nyílt oligarchia kezdete, amely magabiztos entitásként működött, komoly ellenzék nélkül. Ez azt jelentette, hogy a pénzt önálló értéknek tekintették, elválasztva a tényleges termeléstől. A pénz a tőzsdére áramlott, tízszeresére növelve a keresletet és felfújva az árakat. A haszonkulcsokat adósságokkal növelték, és az ár-jövedelem arány 50:1-re emelkedett, vagyis a részvények ára jóval meghaladta a befektetett tőke termelési kapacitását. Más szemszögből nézve a részvények árának semmi köze nem volt az érintett cégek pénzügyi helyzetéhez, a tőke vagy a munka termelékenységéhez, sem az ebből származó hozzáadott értékhez.

Így 1927-ben az amerikai tőzsde egy csalás volt. Az árak a spekulatív befektetéseket, a könnyű pénzt és azt a – pszichiátriai rejtélynek számító – meggyőződést tükrözték, hogy ez a hamis növekedés örökké tartani fog. A vállalatok pénzügyi életképessége nem számított. 1929-ben a Fed 6%-ra emelte a kamatlábakat. A jelzés egyértelmű volt: a tőzsde összességében 83%-os értékvesztést szenvedett el. 10 000 bank ment csődbe, és a brókerek, akik adósságokból álló buborékokon dolgoztak, tönkrementek.

OROSZORSZÁG

Oroszország gazdasági fellendülése és növekedése II. Sándor 1861-es jobbágyfelszabadításával vette kezdetét. A közvetlenül az állam felügyelete alatt álló jobbágyokat már I. Miklós cár felszabadította. Mint gyakran előfordult, a legautokratikusabb uralkodók voltak az egyetlenek, akiknek volt bátorságuk az elit felett átlépni, hogy a parasztok javát szolgáló törvényeket vezessenek be. Ellentétben az osztrák jobbágyok néhány évvel korábbi felszabadításával és a déli rabszolgák Lincoln általi felszabadításával, az orosz jobbágyok a szabadságukkal együtt földet is kaptak. Az állam kártalanította a nemességet, és idővel a parasztok is visszafizethették az államnak a tartozásukat. A kifizetések nagyon alacsonyak voltak, és II. Miklós cár 1905-ben mindet eltörölte. Ez csak egy újabb szög volt a nemesség koporsójába.

Az orosz jobbágyok soha nem voltak rabszolgák. A jobbágyság, amely a 17. századi lengyel és svéd invázíókra adott válaszként jött létre, csak a dél-oroszországi feketeföldi régiók parasztjait érintette. Északon és Szibériában soha nem létezett. Közép-Oroszországban csak azokat a jobbágyokat érintette, akiknek bizonyos feladatokat kellett elvégezniük a nyújtott szolgáltatások vagy a fogyasztási cikkek ellenértékeként. 1840-től azonban a parasztok többsége bérleti díjat fizetett, ami azt jelentette, hogy már nem voltak jobbágyok. Oroszországban a jobbágyság valójában azt jelentette, hogy a parasztoknak garantáltan megvolt a túléléshez szükséges földjük, és egyúttal stabil jövedelmük is, mivel közvetlenül az államot szolgálták, különösen a katonai létszám biztosításával. Mivel mindenki mindenki szolgálatában állt, a rendszer kiegyensúlyozott volt. Pál cár és édesanyja, II. Katalin uralkodása alatt a nemeseket felmentették az állami szolgálat alól, így politikai befolyásukat elvesztették.

A parasztok önkormányzati jogokat élveztek a községekben, ahol minden tisztséget választások útján töltöttek be. A *voloszt*, vagyis a járási önkormányzatot szintén választották, és minden társadalmi osztály egyenlő képviselettel rendelkezett benne. A *voloszt*- és községi szintű igazságszolgáltatási rendszer a tisztán paraszti demokrácia gyakorlatán alapult. A községi bírák kizárólag a parasztság tagjai voltak, a *voloszt* bíróságok pedig két nemesből és két paraszti képviselőből álltak. Összességében az orosz nemesség anyagi helyzete rosszabb volt, mint a parasztságé: adósságok alatt roskadozott, és már régóta mentesült az állami szolgálat alól. Nem volt más dolguk, mint a lehetőségeiken felül nyugati luxuscikkeket vásárolni. A paraszti községeknek joguk volt a szövetségi törvényeket hatályon kívül helyezni, és általában teljesen önellátóak voltak. Ha Oroszországnak volt valami problémája, az a túlzott demokrácia volt!

1861-ben a *volosztot* felváltotta a *zemszto*, egy hatalmas megyerendszer, amelynek alsóházát parasztok, felsőházát pedig – többnyire szegény – nemesek alkották. A *zemszto* felelős volt az oktatásért, a közinfrastruktúráért, az egyházi életért, az adóbeszedésért és a rendőrségért. A paraszti életnek nem volt olyan területe, amely ne a helyi demokrácián alapult volna. Egy „földkapitányt", általában egy szegény nemest választottak meg, hogy közvetítsen a parasztok és a nemesek közötti konfliktusokban, és néha a parasztok a kapitányhoz fordultak, ha panaszuk volt a községgel vagy a *zemstvo* hatóságaival szemben. Politikai szempontból 1850-től kezdve a nemesek politikai hatalmukból ki lettek zárva.

Így a jobbágyok felszabadítása, a szabad sajtó, a *zemstvo* és számtalan oktatási reform létrehozása véget vetett a forradalmi folyamatnak, amelyet szinte teljes egészében Nagy-Britanniából finanszíroztak. Az ismeretlen kéz, ezt elviselhetetlennek tartva, 1881-ben meggyilkoltatta II. Sándort. Fia, III. Sándor folytatta apja által megkezdett reformprogramot, és mivel határozott és rendkívül elszánt ember volt, 1894-ben bekövetkezett haláláig szétzúzta a forradalmi mozgalmat.

III. Sándor cár 1880 elején létrehozta a Paraszti Földbankot, amely kamatmentes kölcsönöket nyújtott a parasztoknak, mivel a beruházásokat a mezőgazdasági feltételek javítására kívánta irányítani. III. Sándor cár és pénzügyminisztere, Nyikolaj Bunge kidolgozták és bevezették az európai történelem legátfogóbb munkajogát. Fia, II. Miklós folyamatosan kiegészítette azt az első világháború kitöréséig.

> „Az oroszok úttörők voltak a munkajog terén. A gyermekmunkát több mint 100 évvel azelőtt eltörölték, mint Nagy-Britanniában 1867-ben. Oroszország volt az első iparosodott ország, amely törvényeket hozott a gyárakban és a bányákban a munkaidő korlátozására. A sztrájkok, amelyeket a Szovjetunióban betiltottak, a cár idején engedélyezettek voltak, de ritkán fordultak elő. A szakszervezeti jogokat 1906-ban ismerték el, míg a munkaügyi felügyelet szigorúan ellenőrizte a gyárakban uralkodó munkakörülményeket. 1912-ben bevezették a társadalombiztosítást. A munkaügyi jogszabályok annyira fejlettek és humánusak voltak, hogy az Egyesült Államok elnöke, William Taft kijelentette: „Az orosz cár olyan munkavállalói jogszabályokat hirdetett ki, amelyek közelebb állnak a tökéletességhez, mint bármelyik demokratikus országé." " A Orosz Birodalomban élő különböző népek a modern világban példátlan egyenlőséget élveztek státuszuk és lehetőségeik tekintetében. Őcsászári Felsége, II. Miklós cár (1894–1917) és állami bankja az emberiség történetében példátlan munkásparadicsomot teremtett." (Goodson)

Itt nincs semmi rejtély. A német császár, aki ugyanolyan autokratikus volt, mint a „ ", hasonló törvényeket hozott. Mindkét esetben a mezőgazdasági és ipari szektorok gazdasági növekedése átlagosan 15% volt. A lakosság száma robbanásszerűen nőtt, és Oroszország esetében a parasztok ingyenes földet és új szerszámokat kaptak Dél-Szibériában (nem a fagyos északi részen), hogy benépesítsék ezt a hatalmas, az Egyesült Államok területének körülbelül kétszeresét kitevő üres területet. 1905-ben az orosz termőföldek 90%-a a parasztok kezében volt. Egyetlen más iparosodott társadalom sem tudott versenyezni ezekkel az intézkedésekkel. A parasztok tömegesen vásárolták fel a nemesek földjeit, mivel Oroszország egyúttal teljesen önellátó volt. Belső piaca a termelésének csaknem 99%-át fedezte, és nem volt szüksége külföldről érkező árukra. Az egyetlen dolog, amit a nyugattól kapott, az a forradalom volt…

Dél felé, Grúzia orosz védelmet kért, mint pajzsot muszlim szomszédai ellen. Tibet XIII.dalai lámája, Thubten Gyamtso, arra kérte II. Miklós cárt, hogy helyezze országát orosz védelem alá, hogy megmentse a buddhista monarchiát a brit ópiumba való fulladástól. Számos orosz szolgált a tibeti nemesek és maga a dalai láma nevelőjeként. Oroszországot a kínai és brit imperializmus ellen harcolók megmentőjének tekintették.

II. Miklós cárt kísértette a gondolat, hogy háborút indítson Mandzsúriában, mivel Kína nyomása alatt tartotta nyugati buddhista népességét és a tibetieket. Több millió muszlim is a kínai Mandzsúria uralma alatt élt. Oroszországot a kínai bölcsek által régóta megjövendölt „Fehér Megmentőnek" nevezték. A mai Azerbajdzsán területén fekvő Baku városában – amely akkoriban az Orosz Birodalom része volt – történt olajfelfedezés csak tovább rontotta a helyzetet a britek szemében. A Rothschild-dinasztia hadat üzent Oroszországnak, finanszírozta az orosz forradalmárokat, és ami még fontosabb, elősegítette egy Oroszország-ellenes szövetség létrejöttét.

A Rothschild-szövetséget nagyrészt az orosz sikerekre adott válaszként hozták létre. Alapját a Törökország, az oroszországi Dél- -i török törzsek, Perzsia, és – ami még aggasztóbb – Japán finanszírozása képezte. A Balkán török megszállását a Rothschildok támogatták, mert Törökország nélkül az oroszbarát államok, mint Szerbia és Bulgária, töltenék be az űrt. A brit sajtó gratulált a törököknek, hogy megszabadultak az „ortodox babonától", és a oroszokat „mongoloknak" tekintették, akiknek „kagylóit" távol kellett tartani a Balkántól.

Oroszország segített finanszírozni Bulgáriát és Szerbiát, arra törekedve, hogy a Mandzsúriai Állam bukása után egyesítse Kínát. Közvetett protektorátusával Tibet felett és a művelt, urbanizált grúz állam csatlakozásával egy instabil erőegyensúly kezdett kialakulni a bankárok paradicsoma és a munkások paradicsoma között. Sajnos Japán jobb befektetésnek bizonyult, mint Kína. Oroszország támogatta Afganisztánt Anglia ellen az 1879–1880-as angol–afgán háborúban, de ez nem volt annyira hatékony, mint Japán újrafegyverzése a Királyi Haditengerészet égisze alatt.

Ha Oroszország nem vett volna részt az első világháborúban, mi lett volna az eredménye? Egy reális forgatókönyv a következőképpen nézne ki: a gyorsan növekvő orosz népesség újra benépesítette volna egész Szibériát és Közép-Ázsia egy részét. Oroszország elfoglalta volna a Balkánt és Konstantinápolyt, valószínűleg Németország áldásával. Ez lehetővé tette volna Oroszország számára, hogy elfoglalja a Közel-Kelet nagy részét, vagy legalábbis a görög és arab ortodoxok védelmezőjévé váljon. Németország felismerte volna, hogy Oroszországgal való szövetség hasznosabb, mint Bécsével. Az orosz és a német érdekek, valamint ideológiai és politikai rendszereik nagyon hasonlóak voltak. Oroszországnak kevés politikai értelme volt a régi ellenségével, Angliával való szövetségnek, de 1910–1913-tól kezdve London prioritása a német terjeszkedés megfékezése volt. Németország rájött, hogy az Osztrák–Magyar Monarchiával kötött szövetsége arra kényszerítené, hogy részt vegyen minden olyan konfliktusban, amelybe Bécs belekeveredik. Ez nem szolgálta volna a német érdekeket. Ausztria gyenge katonai teljesítménye a háború során, valamint gazdaságának instabilitása kényszerítette Németországot arra, hogy haderejét két frontra ossza meg.

Oroszország növekvő új olajkészletei, hatalmas természeti erőforrásai, belső piaca és ipari tőkéje lehetővé tették volna egy protektorátus finanszírozását Kínában, és minden bizonnyal egész Délkelet-Ázsiában. Közép-Ázsia nagy része, amely kínai ellenőrzés alatt állt, szintén orosz védelem alá került volna, ha nem is orosz megszállás alá. Az angol gyarmatosítással összehasonlítva az orosz terjeszkedés soha nem kizsákmányolás, hanem védelem volt.

Ez a piac, ez a gazdasági növekedés és a folyamatos népességnövekedés vonzotta volna a világ többi hatalmát Oroszország felé. Katonai szempontból Oroszországot bevehetetlennek tartották volna. Mivel inkább kelet felé fordult, mint nyugat felé, nem jelentett volna fenyegetést az európai hatalmi egyensúlyra. Egy szövetség Németországgal megpecsételte volna Európa sorsát, mint királypárti, hagyományos és keresztény hatalom. Bécs tehetetlennek találta volna magát, és így elkezdte volna rendezni vitáit Németországgal, mivel a birodalom németei közeledni akartak hozzá, a szláv népesség pedig Oroszország felé fordult. Egy dühös és terjeszkedő Magyarország soha nem jöhetett volna létre, mivel folyamatosan háborúban állt volna ugyanolyan dühös kisebbségeivel.

Az ortodox egyház önkéntes szövetségesre lelt volna a német (királypárti) lutheránusokban és a növekvő régi katolikus mozgalomban. Ha Oroszország és Görögország csatlakozott volna a római egyházzal való szakadáshoz, ahogyan az várható volt, a régi katolikus egyház jelentősen megnövekedett volna. Az anglikán konzervatívok és egyes lutheránusok körében már akkor is növekvő érdeklődés mutatkozott az ortodox hagyomány iránt.

Nyugat-Kanada nagy része orosz ellenőrzés alá került volna az alaszkai lakosságtól kezdve, akiknek az aleut-szigeteki lakosokkal való pozitív kapcsolata Oroszországot inkább üdvözölt, mint imperialista jelenlétként mutatta be. Orosz cégek már jelen voltak a Hawaii-szigeteken, és védelmezték volna a sziget monarchiáját. Az USA finanszírozta a hawaii királyi ház megdöntését. Tekintettel Oroszország jó hírnevére Ázsia nagy részén, nincs ok azt hinni, hogy a hawaii királyi ház (és a többi csendes-óceáni állam) ne látta volna be egy távoli, de hatalmas védelmező előnyeit.

Az orosz imperializmus nem a profitra törekedett, mint a Brit Birodalom. Védekező jellegű volt. A bennszülött népeket általában jól bánták, és mint az örmények és az ázsiai muszlimok esetében, soha nem kényszerítették őket az ortodox hitre való áttérésre, sem az orosz nyelv használatára. A cárnak és a Koránnak esküdtek hűséget. Lengyelország a világ egyik legliberálisabb alkotmányát kapta, Finnország, Oroszország egy másik gyarmata pedig teljesen független maradt, kivéve a külpolitikát. Így nincs ok azt állítani, hogy az orosz császári uralom bármilyen ellenérzést váltott volna ki, vagy akár a szó szoros értelmében vett „uralomnak" is tekinthető lett volna.

Ma ez alig elképzelhető fantáziának tűnik. De egy ideig, az első világháborús mészárlás előtt, ezt Szentpéterváron és Londonban életképes valóságnak tekintették. Goodson áttekintést ad arról, hogyan lett volna ez lehetséges:

> „1860. június 12-én megalapították az Orosz Birodalom Állami Bankját azzal a céllal, hogy ösztönözze a kereskedelmi bevételeket és megerősítse a monetáris rendszert. 1894-ig csupán egy kiegészítő intézmény volt, amely közvetlenül a Pénzügyminisztérium felügyelete alatt állt. Ebben az évben a bankok bankjává alakult át, és a kormány gazdaságpolitikájának eszközévé vált. A bank verte és nyomtatta a nemzet érméit és bankjegyeit, szabályozta a pénzmennyiséget, és a kereskedelmi bankok hálózatán keresztül alacsony kamatozású hiteleket nyújtott az ipar és a kereskedelem számára." (Goodson II. Sándorról)

A Pax Russica ellenzői sem tétlenkedtek. Szentpétervár – minden problémája ellenére – olyan szilárd magot jelentett, amelyet a banki rendszer nem tudott megtörni. Ha Oroszország folytatta volna hatalmas fejlődését, népességnövekedését és iparosítását, az uzsora megsemmisült volna. Az orosz állam – a magántőke helyett – a helyi forrásokból tervezte és irányította a beruházásokat. A franciák jelentették az egyetlen jelentős külföldi jelenlétet az orosz iparban. Ha ezt orosz–német együttműködési projektek váltották volna fel, a uzsora súlyos veszélybe került volna. Intézkedéseket kellett hozni. Hogy az olvasónak egy kis ízelítőt adjon arról, mik lehettek ezek, Goodson idézi L. T. McFadden kongresszusi képviselő 1932-es beszédét a Képviselőházban:

> „Ők [az „európai" bankárok] finanszírozták Trockij tömeggyűléseit New Yorkban, hogy elégedetlenséget és lázadást keltsenek. Ők fizették Trockij utazását New Yorkból Oroszországba, hogy részt vehessen az Orosz Birodalom lerombolásában. Ők szították és provokálták az orosz forradalmat, és jelentős összegeket bocsátottak Trotski rendelkezésére egyik svéd bankfiókjukban, hogy általa az orosz családok teljesen szétessenek, és az orosz gyermekeket elválasszák természetes gondviselőiktől.

> Azóta megkezdték az amerikai családok szétrombolásának és az amerikai gyermekek szétszórásának vállalkozását."

McFadden-t elhallgattatták. Akárcsak Goodson urat. A szerző emiatt elvesztette egyetemi állását. Nincs érzékenyebb téma, mint a uzsora, mert egyetlen hatalom sem érhet fel a kamatos kamat hatalmával. A baloldal a bankok kiterjedése, és a „jobboldal" nagy része is a neokonzervatívoké. A monarchiát ezek az érdekek döntötték meg, és helyébe egy globális oligarchia lépett, amely források szerint a világ GDP-jének akár 80%-át is ellenőrzi. Természetesen mindez a szabadság, a haladás és a demokrácia nevében történik.

Ezt a hosszú esszét a uzsora fogalmával kezdtük, és azzal a ténnyel, hogy a nyugati bankszektor nagyon jól megfér a baloldali államisággal. Áttekintettük a kérdést, elmagyarázva, miért és hogyan jött létre ez a démoni szövetség. Ez a szövetség ma is fennáll, és szinte semmilyen ellenállásba nem ütközik. Ugyanakkor vannak, bár homályosak, reakciók a vagyon és a munka fokozatos monopolizálása ellen.

Goodson nem negatív hangnemben fejezi be írását. Érvelését egy rövid áttekintéssel zárja Észak-Dakota helyzetéről. Mintha az olvasónak további bizonyítékokra lenne szüksége a uzsora és a részleges tartalékrendszer romboló tendenciáiról. Észak-Dakota létrehozott egy állami bankot, amelybe az állam bevételeit helyezik el. A bank nagyon alacsony kamatú kölcsönöket nyújt a gazdáknak és a kisvállalkozásoknak. Minden nyereséget visszafizetnek az államnak. Anélkül, hogy a polgárokra kamatos kamatot számítottak volna fel, Észak-Dakotát nem érintette a 2007-es ingatlanpiaci összeomlás. Az állam GDP-je 1997 óta közel 100%-kal nőtt, míg a háztartások jövedelme ugyanebben az időszakban 140%-kal emelkedett.

Míg a média azt a nézetet képviselte, hogy Észak-Dakota sikere kizárólag kis olajiparának köszönhető, ez a fajta fejlődés biztosan nem történt meg Alaszkában, amely pedig jóval több szénhidrogén-készlettel rendelkezik, mint Észak-Dakota. Nigéria olajban úszik, mégis szegény ország marad. Szomália és Csád is olajfolyókban úszik, akárcsak Indonézia és

Mianmar, de ezek az államok ugyanolyan szegények. Úgy tűnik, az olaj csak Észak-Dakotának és a Beverly Hills-i gazdagoknak hoz hasznot.[315]

Goodson könyvének fő erőssége valóban a relevanciája. Egy tézist véd: ott, ahol egy állami bank irányítja egy gazdaság pénzügyi világát, az a gazdaság virágzik. Az 1930-as évek Németországáról, a 20., valamint Japánról szóló elemzése ezeket az országokat állami ellenőrzés alatt álló bankok, alacsony kamatlábak, állami beruházások és a libertárius szabadkereskedelem iránti általános megvetés jellemezte. Ez a rendszer három számjegyű növekedési rátákat, a munkanélküliség hiányát és a nullához közeli inflációt tett lehetővé ezekben az országokban. Manapság Kína, Tajvan és Fehéroroszország a legjobb példák erre.

Fehéroroszország, akárcsak Ukrajna és Oroszország, hanyatlani kezdett, amikor az IMF és a Harvard Egyetem segített ennek a maffiaszerű rendszernek privatizációs megállapodásokat kötni, amelyek végül arra kényszerítették az egyik elnöküket, Aleksandr Lukasenko-t, hogy leállítsa a privatizációkat, központosítsa a hatalmat és államosítsa a pénzügyi szektort. Míg a mai Ukrajna iparának 70%-át elvesztette, és képzett lakosságának 80%-a a szegénységi küszöb alá süllyedt, Fehéroroszország munkanélküliségi rátája 1%, és ipara 2000 óta évi 10%-os növekedést mutat. Ugyanez vonatkozik a két Kínára is: amikor George Soros 1997-ben kiváltotta a két valutaválságot, az egyetlen két gazdaság, amelyet ez nem érintett, azok voltak, amelyek állami ellenőrzés alatt álló bankokkal rendelkeztek, nevezetesen Tajvan és Kína. A korábbi nagyhatalmak, mint Dél-Korea és Japán, valamint Thaiföld, az IMF hivatalos bábjaivá váltak. Életre szóló foglalkoztatási rendszerüket megszüntették, és életszínvonaluk összeomlott.

A saját országukat sújtó háború előtt Líbia és Szíria szintén kétszámjegyű éves növekedést mutatott, népszerű elnökökkel rendelkezett, és mindkét ország közel állt ahhoz, hogy elérje a fejlett világ státuszát. Mindkét ország rendelkezett állami

[315] N.D.T. Utalás egy híres amerikai televíziós sorozatra.

ellenőrzés alatt álló bankokkal és állami irányítású termelő beruházásokkal. Az állam stratégiai beruházásokban partnerként működött közre, nem pedig azok kiterjesztéseként. Szaddám Huszein Irakja pontosan ugyanezt tette, amíg az USA háborút nem hirdetett ellene.

A burmai állami bank a pénzügyminisztérium felügyelete alatt áll, élén a nyugati pénzügyi képzésben részesült Hla Tun vezérőrnaggyal. Helyettese Hle Swe ezredes. A burmaiak nem hagynak esélyt a valutájuk külföldi manipulációjára. A burmai föld, amely gazdag gázban, olajban és ásványkincsekben, valamint Burma Kínával fennálló kapcsolata és lakosságának magas oktatási szintje miatt egyre inkább célpontjává válik a nyugati spekulációnak és politikai támadásoknak. A polgárháború, a nyugati szankciók és a szeparatista mozgalmak ellenére az országnak mégis sikerült 10 egyetemet és több tucat gátat építenie, az írástudási arányt 80%-ra emelnie, valamint biztosítania, hogy a parasztok 1999 óta saját földet birtokoljanak. Ha az olvasó ebben egy bizonyos gazdasági modellt ismer fel, akkor bizonyára igaza van.

Goodson munkája nem mentes a hibáktól. Azonban hibái csekélyek. Azt állítja, hogy Gavrilo Princip zsidó volt, és hogy Ferdinánd főherceg meggyilkolása váltotta ki az első világháborút. Principet nem gyanúsították azzal, hogy zsidó lenne, főleg azért, mert Nyugat-Bosznia legmélyéről, a szegény paraszti falu, Obljajból származott, egy teljesen vidéki és megközelíthetetlen helyről. Szegény, boszniai szerb származású parasztok gyermeke volt. Anyja leánykori neve a nagyon ortodox Misic volt. Sem apja, sem anyja nem viselt zsidó nevet, és apja szerény munkája a postán egyáltalán nem utal arra, hogy „elit banki" körökhöz tartozott volna. Princip a „Fiatal Bosznia" mozgalom tagja volt, amely laza kapcsolatban állt a „Fekete Kéz" katonai társasággal, más néven „Unió vagy Halál". Ez egy paramilitáris tagokból álló nacionalista szervezet volt, amelynek semmi köze nem volt a Szerbiában akkoriban élő kevés zsidóhoz. Tágabb családja a Jovicevic nevet viseli, és Montenegróból származik, ahol nagyon kevés zsidó él.

Fегдинанд meggyilkolása nem váltotta ki az első

világháborút. Szerbia a merénylet után teljesítette Bécs követeléseit, és Németország is mély benyomást tett rá Szerbia békefenntartó szándéka. Szerbia teljesen kimerült volt a balkáni háborúk miatt, és nem akart többé harcolni. Ráadásul a célpont kiválasztása semmilyen értelmet nem adott; Ferdinánd többé-kevésbé népszerű volt a dél-szlávok körében, mivel a királyi család leginkább szerbbarát tagjának tartották. Ausztria viszont *háborús ürügyet* keresett a boszniai megszállás elleni helyi lázadás és az „Albánia állam" mesterséges létrehozása óta, amelynek célja az volt, hogy Szerbiát megfossza tengerpartjától, és elválassza Montenegótól.

A nagyherceg látogatásának körülményei furcsák voltak. Ferdinánd a szerb nemzeti ünnep, *a Vidovdan* napján látogatta meg Szerbiát és Boszniát, amikor a nacionalista hangulat a csúcspontján volt. Ez egyben a rendkívül háborús hangvételű katonai manőverek kezdetét is jelentette. Ferdinánd nem rendelkezett olyan biztonsági intézkedésekkel, amelyek egy királyi látogatáshoz szükségesek lettek volna ellenséges területen. Ferdinánd konvojának útvonalát saját osztrák személyzete érthetetlen módon eltérítette oda, ahol Princip és társai várták. Németország nagy sajnálatára azonban még az osztrák ultimátumra adott szerb válasz beérkezése előtt Bécs már hadat üzent.

Ez a két hiba ugyan csekély hatással bír, de gyakori és érthető, ezért kiemelésre szorult. Ez azonban semmiben sem csökkenti a könyv rendkívüli érthetőségét és hasznosságát, amely széles körű terjesztést érdemel. Mindezek miatt teljes szívemből támogatom Goodson úr munkáját.

Matthew Johnson PhD
Fayetteville, Pennsylvania

TOM SUNIC KRITIKÁJA

Az európai népi tudatban a pénzt mindig valami piszkoshoz, valami bűnöshez, valamihez társították, ami nem méltó az európai emberhez, amit csak egy távoli, titokzatos idegen nép értékel. Az ókortól a posztmodern korszakig rengeteg könyvet írtak a pénz átkáról és az átkozott aranyról. Emlékezzünk csak Krőzus királyra, vagy Midas király átkára, vagy gondoljunk a Nibelungok középkori sagájának általános mészárlására, amelynek története a Rajna rejtett aranyáról és az arany által okozott szenvedésről szól.

Ahogy Goodson könyvében emlékeztet bennünket, a virtuális pénz iránti megszállottság és az uzsora gyakorlata, valamint az arany szerepe ma semmit sem vesztett halálos jellegéből. Valójában sok modern pénzügyi tranzakció és számos csalárd globális gazdasági gyakorlat, amelyet ez az aranyéhség vált ki, még halálosabbá vált, ezúttal nem csupán a nyugati civilizáció, hanem az egész emberiség túlélését fenyegetve.

Először is egyértelműen le kell szögezni, hogy Goodson nem az összeesküvés-elméletek híve, sem pedig azok közé az értelmiségiek közé tartozik, akik a zsidókat gyalázzák, és akiknek a prózája gyakran több kárt okoz, mint valódi felvilágosítást azoknak az olvasóknak, akik tájékozódni szeretnének a pénz fiktív természetéről és annak sokkal kevésbé fiktív alkotóiról. Mindezek miatt Goodson vitathatatlan referenciákkal rendelkezik a könyvben elemzett témával kapcsolatban. Tagja volt a SARB (South African Reserve Bank) igazgatótanácsának, hosszú tapasztalattal rendelkezik a banki szférában, vagy – kevésbé prűd megfogalmazásban – kiváltságos megfigyelője volt a bennfentesek közötti pénzügyi műveleteknek. Hogyan lehetséges, hogy a mi állítólagos legjobb demokratikus világunkban, egy olyan világban, amely büszkélkedik az átláthatósággal és a bírói függetlenséggel, a polgárok többsége fogalma sincs arról, kik azok az „ ” részvényesek a főbb központi bankokban, mint például az Egyesült Államok Federal Reserve-je és sok más szerte a világon? Goodson tényekkel bizonyítja, hogy az amerikai Federal Reserve-nek semmi köze sincs az államhoz vagy az Egyesült Államok demokráciájához, hanem valójában teljes mértékben egy névtelen vállalat, egy mindenható pénzemberekből álló bűnszövetkezet szolgálatában áll. Bizonyára nem véletlen, hogy az úgynevezett ingatlanbuborék 2008-as kipukkanása óta egyetlen nagy bankot sem – legyen az a Goldman Sachs vagy a J. P. Morgan – vontak felelősségre hamis pénz nyomtatásáért vagy szürreális hitelek nyújtásáért. Mondhatjuk, hogy mindannyian kimosták a kezüket az ügyből.

Goodson könyvéből kiemelkedő ismeretei tükröződnek az ókori Róma, Cromwell-kori Anglia vagy a weimari Németország politikai és társadalmi viszonyairól. Így ezt a művet nem lehet egyszerűen elutasítani mint egy közönséges antiszemita pamfletet. Pontosan Goodson szenvtelen hangvétele, amely végigvezeti az olvasót a különböző történelmi korszakokon, teszi ezt a könyvet nemcsak tudományos művé, hanem frissítő olvasmánnyá is azok számára, akik kezdőként többet szeretnének megtudni a pénz misztikájáról.

Úgy tűnik, hogy a uzsora mindig is a társadalmi felkelések és háborúk középpontjában állt. Az ókori Róma sokszor szenvedte el ennek következményeit, ami végül bukásához vezetett. Goodson bemutatja a államférfi, Caesar gazdasági és társadalmi reformjait, az első szociális védelmi rendszer bevezetését, a bérleti díjak eltörlését sok nehéz helyzetben lévő római polgár számára, és végül a már meglévő kölcsönökre kamat felszámításának tilalmát. A Római Birodalom rövid virágzást élt meg. Sok arisztokrata azonban nem tudta elviselni Cézár nagylelkűségét a szegényekkel szemben, és úgy döntött, hogy megöli. Úgy tűnik, hogy a uzsorások, akik többségükben zsidó származású külföldiek voltak, alázatos pogány csatlósaikkal együtt voltak azok a hajtóerők, amelyek a nyugati civilizáció korrupciójához és hanyatlásához vezettek.

Hasonló gazdasági növekedési és hanyatlás mintát figyelhetünk meg a híres Magna Carta megfogalmazása és elfogadása során a középkori Angliában, amelynek elsődleges célja az volt, hogy korlátozza a korai zsidó pénzverők uralmát és eltörölje az uzsorát. Valóban, több évtizeddel később, 1290-

ben a végrehajtást a zsidók Angliából való kiűzése követte. Egy figyelmes olvasó felteheti a kérdést, hogy miért vádolták annyi klasszikus szerző, valamint számos írástudatlan közember az idők során mindig a zsidókat a társadalmi-gazdasági bajokért, és miért voltak a zsidók oly gyakran a kegyetlen üldözések áldozatai? A szerző messze nem a zsidók elleni gyűlöletkeltő vagy rágalmazó beszéd útjára lép, hanem pontosan dokumentálja a zsidók túlzott arányú jelenlétét a pénzkölcsönzés területén, egy olyan részletet, amely történelmileg hozzájárult tragikus sorsukhoz.

A szerző egyáltalán nem kerüli el az új teológiai és politikai áramlatok hatásának tárgyalását, különös tekintettel a kálvinizmus megjelenésére és egy új gondolkodásmód kialakulására a 16·és 17·századi Európában, valamint az amerikai véleményvezérekre és politikusokra. Kálvin predestinációról szóló tanításai és a kereskedőknek tulajdonított társadalmi szerep fontossága hatalmas hatással voltak az európai és az újonnan felfedezett Amerika politikai életére. A kereskedő és az uzsorás bizonyos értelemben a politika és a pénzügyek új példaképeivé váltak, olyan emberekké, akiknek viselkedését a nem zsidóknak utánozniuk kellett, és akiket szuper-énként kellett használniuk. A zsidóknak a nem zsidók általi utánzása, az eredeti kálvinizmus és a puritanizmus révén, gyorsan elterjedt, először a kapitalista Amerikában, majd később, különösen a második világháború után, a kontinentális Európában. Goodson bemutatja, hogy a fanatikus angol kálvinista forradalmár, Oliver Cromwell hogyan tekintette magát „a kiválasztottnak”, és nem csupán egy közönséges szabbat-gójnak. Nem sokkal I. Károly király lefejezése után Cromwell újra megnyitotta Anglia kapuit, hogy melegen fogadja a zsidókat.

A szerző érdekes fényt vet a köznép életszínvonalára is a középkori Angliában, egy olyan országban, ahol az életminőség sok szempontból jóval magasabb volt, mint a mai modern társadalmakban. A 14. és 15·században a köznép kevesebb mint 14 hetet dolgozott egy évben. Ha az életminőséget és a boldogságot a konnektorok számával és a bankszámlánkon lévő összeggel kell megítélnünk, soha nem fogjuk megérteni a boldogság valódi jelentését. Sok esetben azonban az úgynevezett sötét korszak Angliában és a kontinentális Európában sokkal fényesebbnek tűnik, mint a mi jelenlegi sötét korszakunk. Az akkori építészet nagy része a népi öröm közvetlen kifejeződése volt, ahol a spirituális transzcendencia keresése sokkal inkább igényelt volt, mint a modern rendszer mulandó boldogsága, amelyben a pénz felhalmozása egy új világi vallássá vált.

Aztán jöttek a rossz hírek. 1694-ben megalakult az Angol Nemzeti Bank, amely mintául szolgált minden más európai, majd később az amerikai központi bank létrehozásához. Nem sokkal később kezdődött el az, amit a modern történészek „modernitásnak" neveznek, ami valójában a népek leigázását jelenti. Az angol pénzemberek nem nézték jó szemmel, hogy az első amerikai kolóniák saját pénzt bocsátottak ki, és ellenségesen viszonyultak az Angol Nemzeti Bankhoz. Anglia kísérlete az amerikai pénznem eltörlésére szintén az amerikai forradalom egyik fő oka volt. Az Amerika által a 19·században tapasztalt jólét nagy mértékben éppen a központi bank hiányának volt köszönhető. Soha nem szabad elfelejtenünk, ahogyan a szerző is emlékeztet rá, hogy Andrew Jackson elnöki kampányát a következő jelszó alatt folytatták: „SZAVAZZ ANDREW JACKSONRA, NEM A BANKRA! " Az Egyesült Államok, sőt az egész világ számára baljóslatú év az volt, amikor 1913-ban megalakult a Federal Reserve Bank, amely közvetve a nyugati világot a két következő világháborúba, majd világszerte további száz helyi háborúba sodorta.

A helyzet az amerikai állampolgárok számára sem rózsásabb. Bár 1919 óta egy világhatalom irigyelt polgáraivá váltak, 2014-re az államadósság 2,6 milliárd dollárról 17,5 billió dollárra nőtt. Senki sem akarja ezt nyilvánosan kimondani, de a legtöbb amerikai és nyugati polgár nem hitelből él, hanem inkább küzd és vegetál, havi törlesztőrészletekkel fizetve a saját halálát. A nagy összeomlás és a fehér faj végének ideje kétségkívül a küszöbön áll.

A szerző leírja a hasonló és eltérő formájú banki gyakorlatokat, amelyek Európa más részein is érvényesülnek, valamint a bolsevik Oroszország megjelenését, amelyet nagyrészt a New York-i zsidó bankárok finanszíroztak. A könyv érdeme, hogy nem tekint a banki környezetre pusztán manicheus szemszögből, hanem mindig keresi a két álláspont közötti árnyalatokat. Dicséretes, hogy Goodson megemlíti a német közgazdászt, Gottfried Feder-t is, aki maga is a uzsora és a kamatos kamat egyik leghevesebb kritikusának számított a weimari Németországban. A probléma „Federrel" az, hogy ez a neves közgazdász egy ideig a nemzetiszocializmushoz tartozott, ami egyeseket – még Goodson művének legobjektívebb olvasói közül is – felháborodásra és szemöldökráncolásra késztethet. Hogyan lehet ma, a politikai korrektség és az egyetemi cenzúra által jellemzett környezetünkben, valami pozitívat kiemelni egy nemzetiszocialista tudós írásaiból? Mivel a nemzetiszocializmust ma hivatalosan a teljes gonosz szimbólumaként ábrázolják, soha nem tartalmazhat semmit, ami viszonylag jónak fogadható el – még olyan apolitikus területeken sem, mint a sport, az ökológia, vagy még kevésbé a gazdaság. Feder kutatásait a Weimar-Németországra az első világháború győztes tábor által kiszabott háborús jóvátételek tanulmányozására alapozta. Arra a következtetésre jutott, hogy a kamatos kamatok fizetése elszegényíti az állampolgárokat és tömeges munkanélküliséget okoz. Feder tanulságai tökéletesen alkalmazhatók a mai korra, különösen, ha lehetséges megoldásokat szeretnénk keresni a nyugati országok hatalmas államadósságának problémájára.

Kissé kevésbé pesszimista hangnemben a szerző megemlíti az észak-dakotai állam hihetetlen sikerét, amelynek bankja lehetővé tette, hogy az állam az Egyesült Államok legdinamikusabb és legalacsonyabb munkanélküliségi rátájú államává váljon. Marad a kérdés, hogy Észak-Dakota hogyan fogja átvészelni a közeledő vihart. Amíg a hivatalos akadémiai körök és a média elkerüli a közeledő pénzügyi káosz problémájának gyökerének említését, az USA és európai szatellitállamai csak egyik katasztrófából a másikba fognak sodródni.

Dr. Tomislav Sunic

Zágráb, Horvátország

IRODALOMJEGYZÉK[316]

D.J. Amos, *The Story of the Commonwealth Bank*, Veritas Publishing Company Pty Ltd, Bullsbrook, Nyugat-Ausztrália, 1986.

A.N. Andreadēs, *History of the Bank of England*, P.S. King & Son Ltd, London, 1935.

H.C. Armstrong, *Grey Steel J.C. Smuts A Study in Arrogance*, Arthur Barkers Ltd, London, 1937.

D. Astle, *The Babylonian Woe*, Omnia Veritas Ltd, 2015.

D. Astle, *The Tallies, A Tangled Tale and The Beginning and the Ending*, magánkiadás, Toronto, 1997.

P.T. Bauer, *Equality, and the Third World, and Economic Delusion*, Harvard University Press, Cambridge, Massachusetts, 1981.

I. Benson, *The Zionist Factor*, The Noontide Press, Costa Mesa, Kalifornia, 1992.

K. Bolton, *The Banking Swindle – Money Creation and the State*, Black House Publishing Ltd, London, 2013.

W.D. Bowman, *The Story of the Bank of England*, Herbert Jenkins Ltd, London, 1937.

E. H. Brown, *Az adósság hálója, A pénzrendszerünkkel kapcsolatos sokkoló igazság és hogyan szabadulhatunk meg tőle*, Third Millenium Press, Baton Rouge, Louisiana, 2008.

G. Buchanan, *My Mission to Russia and other Diplomatic Memories*, Cassell and Company Limited, London, 1923.

H.S. Chamberlain, *The Foundations of the Nineteenth Century*, The Bodley Head, London 1912, II. kötet.

K. Chazan, *The Jews of Medieval Western Christendom 1000-1500*,

[316] A szerkesztő megjegyzése: Az itt hivatkozott források többsége angol nyelvű mű, kivéve azokat, amelyeknek létezik francia nyelvű változata, amelyeket adott esetben csillaggal jelöltünk.

Cambridge University, New York, 2008.

A. Cherep-Spiridovich, *The Secret World Government or „The Hidden Hand"*, The Ant-Bolshevist Publishing Association, New York, 1926.

O.P. Chitwood, *John Tyler Champion of the Old South,* Russell & Russell, 1964.

W.S. Churchill, *Lépésről lépésre, 1936–1939,* Odhams Press, London.

W.S. Churchill, *A második világháború, A vihar előszele, I. kötet,* Cassell & Co. Ltd, London, 1948.

G.M. Coogan, *Pénzteremtők, Ki teremt pénzt? Ki kellene teremtenie?,* Omni Publications, Hawthorne, Kalifornia, 1963.

I.M. Cumpston, *Lord Bruce of Melbourne,* Longman Cheshire, Melbourne, 1989.

W. Cunningham, *Az angol ipar és kereskedelem fejlődése a kora és a középkorban,* Cambridge University Press, 3. kiadás, 1896.

*L. Degrelle, *Hitler né à Versailles,* I. kötet a Siècle d'Hitler sorozatból, Art Et Histoire De L'Europe (1987).

A.J de Grund, *Fascist Italy and Nazi Germany: The 'Fascist Style of Rule'*, Routledge, London, 2004.

F. W. de Klerk, *Die laaste trek – 'n nuwe begin Die Outobiografie,* Human & Rousseau, Fokváros, 1998.

A. Del Mar, *A pénz története Amerikában a legkorábbi időkből az alkotmány megalkotásáig,* Omni Publications, Hawthorne, Kalifornia, 1936.

A. Del Mar, *Pénz és civilizáció: avagy a különböző államok monetáris törvényeinek és rendszereinek története a sötét középkortól kezdve, valamint azok hatása a civilizációra,* Omni Publications, Hawthorne, Kalifornia, 1975.

E. de Maré, *A Matter of Life or Debt,* Humane World Community, Inc., Onalaska, Washington, 1991.

R.E. Elletson, *Pénzügyi parapometria: Esettanulmány a Harmadik Birodalomról,* Christian International Publications, Wilson, Wyoming, 1982.

S. Fay, *Egy idős hölgy portréja,* Penguin, London, 1987.

G. Feder, *The Program of the NSDAP, The National Socialist German Workers' Party and its General Conceptions*, fordította E.T.S. Dugdale, Fritz Eher Verlag, München, 1932.

N. Ferguson, *A Rothschild-ház, A pénz prófétái 1798–1848*, 1. és 2. kötet, Penguin Books, London, 1999.

G. Ferrero: *A Római Birodalom dicsősége és hanyatlása*, VI. kötet, William Heinemann Ltd, London, 1908.

A.N. Field, *The Truth About The Slump – What The News Never Tells*, magánkiadás, Nelson, Új-Zéland, 1935.

A.N. Field, *All These Things*, Omni Publications, Hawthorne, Kalifornia, 1936.

*N.G. Finkelstein, *A holokausztipar: gondolatok a zsidók szenvedésének kizsákmányolásáról*, La Fabrique 2001.

I.N. Fisher, *Stamp Scrip*, Adelphi Publishers, New York, 1933.

J.K. Galbraith, *The Age of Uncertainty*, Houghton Mifflin, Boston, 1977.

T.H. Goddard, *History of Banking Institutions of Europe and the United States*, H.C. Sleight, New York, 1831.

R. Gollam, *The Commonwealth Bank of Australia: Origins and Early History*, Australian National University Press, Canberra, 1968.

O. és J. Grubiak, *The Guernsey Experiment*, Distributionist Books, London, 1992.

A. Hitler, *Mon Combat-Mein Kampf*, Omnia Veritas Ltd.

Hitler's Table Talk, összeállította M. Bormann, Ostera Publications, 2012.

Hoek Verslag van Prof. Piet Hoek aan Dr H.F. Verwoerd, 1965.

D.L. Hoggan, *The Forced War: When Peaceful Revision Failed*, Institute for Historical Review, Costa Mesa, Kalifornia, 1989.

E. Holloway, *Hogyan győzte le Guernsey a bankárokat*, Economic Reform Club & Institute, London, 1958.

R.K. Hoskins, *War Cycles – Peace Cycles*, The Virginian Publishing Company, Lynchburg, Virginia, 1985.

Inconvenient History, V. kötet, 2013, HBB Press, San Ysidro, Kalifornia, 2013.

F.J. Irsigler, *A hetedik napon megteremtették az inflációt*, Wynberg, Cape, Dél-Afrika, 1980.

D. Irving, *Churchill's War, The Struggle for Power*, Veritas Publishing Company Pty Ltd, Bullsbrook, Nyugat-Ausztrália, 1987.

D. Irving, *The War Path: Hitler's Germany 1933-1939*, Macmillan, London, 1978.

D. Irving, *Nuremberg The Last Battle*, Focal Point Publishers, London, 1996.

Money and Banking in Japan, a Japán Bank Gazdasági Kutatási Osztálya, fordította S. Nishimura, szerkesztette L.S. Presnell, Macmillan, London, 1973.

E.M. Josephson, *The „Federal" Reserve Conspiracy & Rockefellers*, Chedney Press, New York, 1968.

H.S. Kenan, *The Federal Reserve Bank*, The Noontide Press, Los Angeles, 1968.

A. Kitson, *A csalárd standard*, Omni Publications, Hawthorne, Kalifornia, 1972.

G. Knupffer, *The Struggle for World Power, Revolution and Counter-Revolution*, The Plain-Speaker Publishing Company, London, 1971.

J.M. Landowsky, *Red Symphony*, fordította G. Knupffer, www.archive.org/details/RedSymphony

**La Symphonie Rouge*, Omnia Veritas Ltd, 2015. www.omnia-veritas.com

The Letters of T.E. Lawrence, szerkesztette D. Garnett, Jonathan Cape, London, 1938.

C.A. Lindbergh, *The Economic Pinch (Lindbergh on the Federal Reserve)*, The Noontide Press, Costa Mesa, California, 1989.

F. Leuchter, *The Leuchter Report: The end of a myth, An engineering report on the alleged gas chambers at Auschwitz Birkenau and Majdanek, Poland*, David Clark, 1988.

D. Marsh, *A Bundesbank: A bank, amely Európát irányít*, William Heinemann Ltd, London, 1992.

„*Collective Speeches of Congressman Louis T.* McFadden", Omni Publications, Hawthorne, Kalifornia, 1970.

S. McIntyre: *A Concise History of Australia*, Cambridge University Press, Melbourne, 2009.

N. Mühlen, *Hitler's Magician: Schacht The Life and Loans of Dr Hjalmar Schacht*, ford. E.W. Dicks, George Routledge & Sons Ltd, London, 1938.

*E. Mullins, *Les Secrets de la Réserve Fédérale*, Le Retour aux Sources, 2010.

C.S. & R.L. Norburn, *A New Monetary System Mankind's Greatest Step*, Omni Publications, Hawthorne, California, 1972.

*J. Perkins, *Egy pénzügyi gyilkos vallomásai*, Alterre, 2005.

E.N. Peterson, *Hjalmar Schacht: for and against Hitler: A political economic study of Germany, 1923-1945*, The Christopher Publishing House, Boston, 1954.

„Ezra Pound Speaking" Radio Speeches of World War II, szerkesztette: L.W. Doob, Greenwood Press, Westport, Connecticut, 1978.

P.J. Pretorius, *Volksverraad, Die Geskiedenis agter die Geskiedenis*, A History of Central Banking Libanon-Uitgewers, Mosselbaai, Western Cape, South Africa, 1996.

**A zsidó bölcsek jegyzőkönyvei*, Deterna, 2010.

*Mouammar Al Kadhafi, *Le Livre Vert*, Hadès Éditions, Rouen, 2015. www.hadeseditions.com

C. Quigley, *Tragedy and Hope A History of the World in Our Time*, The Macmillan Company, New York, 1966.

A.H.M. Ramsay, *A névtelen háború*, Omnia Veritas Ltd. 2014.

R.V. Remini, *Andrew Jackson*, Twyne Publishers Inc., New York, 1966.

J. Robison, *Bizonyítékok az európai vallások és kormányok elleni összeesküvésre, amelyet a szabadkőművesek, az illuminátusok és az olvasókörök titkos ülésein folytattak, megbízható forrásokból gyűjtve*, Western Islands, Belmont, Massachusetts, 1967.

J.E.T Rogers, *Az Angol Nemzeti Bank első kilenc éve*, Clarendon Press, Oxford, 1887.

A. Rosenberg, *A huszadik század mítosza*, The Noontide Press, Torrance, Kalifornia, 1982.

G. Rudolf, *A holokauszt boncolgatása: A „igazság" és az „emlékezet" egyre növekvő kritikája* (Holokauszt kézikönyvek sorozat 1.), Theses & Dissertations Press, 2. átdolgozott kiadás, 2003.

J. Ryan-Collins, T. Greenham, R. Werner, A. Jackson, *Honnan származik a pénz, Útmutató az Egyesült Királyság monetáris és bankrendszeréhez,* New Foundation, London, 2012.

R.S. Sayers, *The Bank of England 1891-1944,* Cambridge University Press, 1976.

R.E. Search, *Lincoln Money Martyred,* Omni Publications, Palmdale, Kalifornia, 1989.

W.G. Simpson, *Melyik úton a nyugati ember?,* Yeoman Press, Cooperstown, New York, 1978.

F. Soddy: *Wealth, Virtual Wealth and Debt,* G. Allen & Unwin, London, 1933.

*O. Spengler, *Le déclin de l'Occident,* Gallimard, Párizs, 1948.

H. Strakosch, *The South African Currency and Exchange Problem,* Johannesburg, Central News Agency Limited, 1920.

J.G. Stuart, *The Money Bomb,* William Maclellan (Embryo) Limited, Glasgow, 1984.

*A.C. Sutton, *Wall Street és a bolsevik forradalom,* Le Retour aux Sources, 2010.

I. Tarbell, *A Short Life of Napoleon,* S. S. McClure Limited, New York, 1895.

A.J.P. Taylor, *A második világháború eredete,* Hamish Hamilton, London, 1961.

H.A. Thomas, *Stored Labor: A New Theory of Money,* 1991.

G.M. Trevelyan, *Angol társadalomtörténet, Hat évszázad áttekintése Chaucertől Viktória királynőig,* Longmans Green and Co., London, 1948.

Verheimlichte Dokumente – Was den Deutschen verschwiegen wird, Fz-Verlag, München, 1993.

L. Villari, *Olasz külpolitika Mussolini alatt,* Holborn Publishing Ltd, London, 1959.

M. Walsh, *A történelem tanúja,* Historical Review Press, Uckfield,

Sussex, 1996.

T.E. Watson, *Vázlatok a római történelemből*, The Barnes Review, Washington, DC, 2011.

N.H. Webster, *A francia forradalom*, The Noontide Press, Costa Mesa, Kalifornia, 1982.

J. Weitz, *Hitler bankára, Hjalmar Horace Greely Schacht*, Little, Brown and Company, London, 1999.

R.G. Werner, *Princes of the Yen*, M.E. Sharpe, New York, 2003.

R. McNair Wilson, *Monarchy or Money Power*, Eyre & Spottiswoode, London, 1934.

*F.P. Yockey, *Imperium*, Omnia Veritas Ltd.

Tartalomjegyzék

EGYÉB CÍMEK

OMNIA VERITAS
OMNIA VERITAS LTD BEMUTATJA:
A KÁBÍTÓSZER-HÁBORÚ AMERIKA ELLEN
JOHN COLEMAN
A kábítószer-kereskedelmet nem lehet felszámolni, mivel azok, akik irányítják, nem fogják hagyni, hogy elvegyék tőlük a világ legjövedelmezőbb piacát...
Ennek az átkozott vállalkozásnak az igazi támogatói a világ „elitjei"

OMNIA VERITAS
OMNIA VERITAS LTD BEMUTATJA:
A KŐOLAJÉRT HARCOLUNK
Az amerikai olajháborúk története
JOHN COLEMAN
A kőolajipar története végigvezet minket a „diplomácia" kanyargós útjain.
A harc a minden nemzet által áhított erőforrás feletti monopóliumért

OMNIA VERITAS
OMNIA VERITAS LTD BEMUTATJA:
A ÖSSZEESKÜVÉS MÖGÖTT
A láthatatlan világkormány leleplezése
John Coleman
Minden nagy történelmi eseményt titokban terveznek meg azok az emberek, akik teljes titoktartás mellett dolgoznak
A jól szervezett csoportok mindig előnyben vannak a polgárokkal szemben

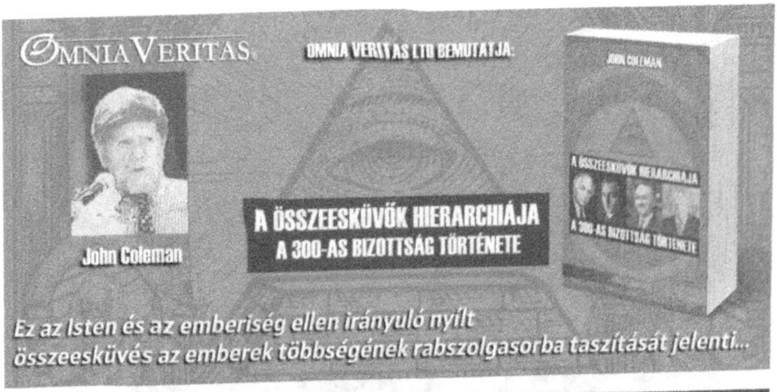
OMNIA VERITAS
OMNIA VERITAS LTD BEMUTATJA:
John Coleman
A ÖSSZEESKÜVŐK HIERARCHIÁJA
A 300-AS BIZOTTSÁG TÖRTÉNETE
Ez az Isten és az emberiség ellen irányuló nyílt
összeesküvés az emberek többségének rabszolgasorba taszítását jelenti...

OMNIA VERITAS
OMNIA VERITAS LTD BEMUTATJA:
A 20. század számos tragikus és drámai eseménye nem önmagától következett be, hanem egy bevált mintát követve került megtervezésre...
A RÓMAI KLUB
AZ ÚJ VILÁGREND GONDOLKODÓCSOPORTJA
JOHN COLEMAN
Kik voltak ezeknek a nagyszabású rendezvényeknek a szervezői és megalkotói?

OMNIA VERITAS
OMNIA VERITAS LTD BEMUTATJA:
A ROTHSCHILD-DINASZTIA
John Coleman
A történelmi eseményeket gyakran egy „láthatatlan kéz" idézi elő...

OMNIA VERITAS
OMNIA VERITAS LTD BEMUTATJA:
A SZABADKŐMŰVESSÉG
A-tól Z-ig
John Coleman
A 21. században a szabadkőművesség már kevésbé titkos társaság, mint inkább egy „misztériumtársaság".
Ez a könyv elmagyarázza, mi is az a szabadkőművesség
JOHN COLEMAN
A SZABADKŐMŰVESSÉG
A-tól Z-ig

OMNIA VERITAS
OMNIA VERITAS LTD BEMUTATJA:
A TAVISTOCK EMBERI KAPCSOLATOK INTÉZETE
Az erkölcsi, szellemi, kulturális, politikai és gazdasági hanyatlás az Amerikai Egyesült Államokban
John Coleman
Tavistock nélkül sem az első, sem a második világháború nem történt volna meg...
A Tavistock Emberi Kapcsolatok Intézetének titkai

OMNIA VERITAS
OMNIA VERITAS LTD BEMUTATJA:
JOHN COLEMAN
DIPLOMÁCIA MEGTÉVESZTÉSSEL
BESZÁMOLÓ A BRIT ÉS AZ AMERIKAI KORMÁNY ÁRULÓ MAGATARTÁSÁRÓL
Az Egyesült Nemzetek Szervezetének megalakulásának története a megtévesztésen alapuló diplomácia klasszikus példája

www.ingramcontent.com/pod-product-compliance
Lightning Source LLC
LaVergne TN
LVHW011015061026
849535LV00006B/1895
* 9 7 8 1 8 0 5 4 0 4 8 9 7 *